後半生の

こころの事典

佐藤眞一

CCCメディアハウス

はじめに　私たちはどのようにして「老い」と出会うか

私たちの人生には、誰にでも起こる「ライフイベント（life event）」があります。ライフイベントとは、それによって生活がガラッと変わるような重要な出来事のことで、良いことも悪いことも、中立的なこともあります。

たとえば進学や結婚、子や孫の誕生、自分や配偶者の昇進などは、多くの人が「良い」と感じるライフイベントです。それに対して、自分や家族の病気やケガ、夫婦間のトラブル、失業、親しい人との死別などは、多くの人が「悪い」と感じるライフイベントです。また、子どもの独立、親との同居、自分や配偶者の退職などは、多くの人が「中立的」と感じるライフイベントです。

ライフイベントの多くは、「いつか自分の身にも起こる」ことではありますが、いつ起こるかはわかりません。そして人生の後半、60歳以降に起こるライフイベントには、退職による社会とのつながりの喪失や経済的な不安、親や配偶者の死、病気や要介護状態など、ネガティブなものが多いのです。したがって、いつ頃どのようなライフイベントが起こるかをあらかじめ想定し、対処法を考えておくことが重要です。
若いうちならば、失敗しても人生をやり直すことができます。しかし後半生では、やり直しが難しくなります。ライフイベントへの対処法を間違えると、人生の後半がつらく寂しいものになってしまうのです。

ところで、あなたは自分の人生が、すでに後半生にさしかかったと感じているでしょうか？　それとも、まださしかかっていないと感じているでしょうか。本編に入る前に、私たちはどのようなときに「人生の後半にさしかかった」と感じ、「老い」を感じるかを、少し考えてみましょう。

私自身のことを言うと、私は老眼になったときに、老いを感じました。もともと眼鏡は掛けているのですが、近視用の眼鏡ではよく見えなくなって、老眼鏡を使わなければならなくなったときはガックリきました。このように、自分の老いを自覚することを「老性自覚」と呼びます。老性自覚には、「内からの自覚」と「外からの自覚」があり、老眼になった、耳が遠くなった、物覚えが悪くなったというような、自分で感じる心身の衰えは「内からの自覚」です。それに対して、子や孫の成長、定年退職、他者からの老人扱いなどは、「外からの自覚」です。

会社勤めをしている人であれば、出向や転籍などによって、自分の人生が後半に入ったと感じるかもしれません。

50歳ぐらいになると、役員になって60歳を過ぎてもビジネスの世界で活躍する人と、それ以外の人の、どちらに自分が入るかがわかってきます。後者であれば、昇給が頭打ちになったり、出向・転籍させられたりすることが、往々にしてあります。そして、昇給のストップや出向・転籍は、「自己の縮小」と受け止められます。

50代は、仕事の上では多くのことが自分のコントロール下にある年代です。自分のなすべきことがわかっていますし、管理職ならば部下に指示を出す立場ですから、なおさらです。ところが、昇給のストップや出向・転籍は、自分で選ぶことができません。自分のコントロールとはまったく関係なく、他者が一方的に決めたことに従わせられるわけです。そのためプライドが大きく傷つくとともに、自分のコントロールが及ばない状態への逆戻り、自己の縮小をもたらすのです。これが、下り坂にさしかかった自分、すなわち老いの自覚につながります。

このとき、自己の縮小だけにとらわれると、その先にあるのは失意の毎日です。「こんなにがんばってきたのに、会社は冷たい」「俺の人生は、なんだったんだ」と、悶々とした日々を送ることになってしまいます。しかし、この状況を、やがて訪れる定年退職への助走期間、練習問題ととらえたら、どうでしょう?

これまでの仕事を離れたとき、自分の真の能力と言えるのはいったい何か? 新たな価値観を、どこに置くのか? 自分は何が好きで、何が嫌いなのか? 賃金をもらいながら自分を見つめ、これから先の人生の練習、もしくは助走ができるのだと思えば、この事態はむしろ歓迎すべきことではないでしょうか。

家族との関係の変化から、老いを感じることもあるでしょう。子どもがいる人は、子どもの自立が老いを感じるきっかけとなることが、往々にしてあります。進学や就職で子どもが家を離れる、あるいは結婚する。そんなとき親は、親であるという役割アイデンティティから解放されてほっとすると同時に、寂しさも感じます。特に、子育てが生活のなかで大きな比重を占めていた専業主婦などは、空虚さや不安感にとらわれて、「空の巣症候群」と呼ばれる抑鬱状態に陥ってしまうこともあります。

これは、自立する子どもを頼もしく思うその一方で、非常な寂しさを感じるというアンビヴァレントな精神状態ですが、実は今の日本では、このようなライフイベントは減りつつあります。子どもが巣立っていかないのです。

若い人たちが就職できない、結婚できない、といったことがよく話題になりますが、その背景には親がいます。昔ならば、体力的にも経済的にも徐々に子どもが親を上回り、やがて勢力関係が逆転して親が子どもに保護されるようになり、親は老いていきました。ところが今は、子どもが外に出て行って勢力を拡大しない。居心地のいい家にズルズルと居て、いつまでたっても親を乗り越えてくれないのです。

親としても、子どもを手放す寂しさを味わいたくない、という気持ちが一方ではあるために、巣立って行かない子どもをとがめません。昔の親子関係と違い、今は〝友だち親子〟ですから、子どもとの友だち関係が続けば、それはそれで親もいいのです。たとえば娘が30～40歳で、母親が60～70歳でも、いっしょにショッピングに行ったり旅行に行ったりすれば、楽しいわけです。

特に、子どもが金銭的に親から自立できない場合などは、絆がいっそう強くなって、親も子もなんとなく関係性を曖昧にしたまま、ズルズルと同居を続けてしまいます。しかし、身体的には親は徐々に弱り、やがて介護が必要になります。親が70歳、80歳になるまでこのような関係が続けば、互いに依存し合うことになり、さまざまな問題が表面化します。中でも、未婚の中年の息子と高齢の母親との間には、若いカップルのＤＶ（家庭内暴力）と同じように、ＤＶが起こりやすいことが知られています。息子と母は男女でもあり、親密でもあるからです。

そのような老年期の問題の根が、子どもの巣立ちの時期にあります。子どもの自立によって覚える寂しさは、老いへの第一歩ではありますが、同時に後半生を幸せに生きるための一歩でもあるのです。

老いを感じたとき、私たちは落胆したり、苦々しく思ったり、目を背けようとしたりします。気にしないふりをしたり、克服しようとしたりもします。老いとはネガティブなものであり、できれば避けたいものだと思っているからです。

けれども、老いは必ずしも喪失ばかりのネガティブなものではありません。どう捉えるかによって、また、補う方法を知っているかどうかによって、老いの中身は変わります。喪失を獲得に変え、新たな世界を切り開くことができるのです。

では、どうすれば喪失を獲得に変えることができるのでしょうか？　自分の将来を見据えて、起こるであろうライフイベントに、物理的に備えるだけでなく、心理的にも備えておくことです。退職後の生活のために貯金をする人は大勢いますが、退職後の生活のために心理的な準備をする人は、多くありません。しかし、本当に大切なのは、心の準備です。突然起こった出来事にうまく対処できる人は多くありませんが、起こるであろうライフイベントをあらかじめ想定し、考えをめぐらせておけば、あわてずに対処することができるからです。

本書では、心理老年学の立場から、人生の後半に待ちかまえている代表的なライフイベントが、私たちの心や行動にどのような影響を与えるかを見、その上で、私たちはそれにどう対処すればよいかを考えます。心をどう変え、どう保てばよいか？　人生の最期まで幸せに生きるには、どうすればよいか？　それが60代からのテーマであり、本書のテーマでもあります。

目次

第2章

70代

他者のサポートを受け入れ、世代継承性を考える年代

第3章

80代

喪失を乗り越え、新たな未来展望を持つ年代

2

ライフイベント「施設に入居する、子どもと同居する」

第4章

90代～

知的好奇心を持ち続け、内在的生活圏を深める年代

第1章

60代

自分の「本義」を見つけ、実践する年代

60代は、社会との関わり方が大きく変わる年代です。社会との関わり方には、大きく分けて3種類、「職業を通じて」「地域の中で」「家族を介して」があります。

まず、職業における最大のライフイベントは、定年退職です。定年を機にリタイアする人は減り、継続雇用や再就職などによって働き続ける人が増えていますが、いずれにせよ定年を迎えれば、これまでとは異なる環境に置かれます。その環境の変化にどう対処するかが、今後の幸福感を大きく左右するのです。

地域における最大のライフイベントは、地域デビュー（地域活動への参加）です。特に、それまで職場が主な居場所だった勤め人にとっては、地域に自分の居場所を確保できるかどうか、地域でやりがいのあることを見つけられるかどうかが、重要な問題になります。

家族における最大のライフイベントは、親の死です。親を看取ることで、死が身近なものになり、自分の人生の終末期をリアルに思い描けるようになります。そして、自分なりの死生観を身につけることができるのです。

これらのライフイベントを通して、自分の本義（人生の意味、大事なこと）とは何かを知り、それを実践することが、60代とそれ以降の人生を豊かにするポイントです。

1

ライフイベント「定年退職」

社会的アイデンティティを失う、未来がなくなる

期限が区切られると、「そこで終わる」と思ってしまう。
でも、「その先にまだある」となると、人は変わる。

先日、旧知の定年退職を祝う会に出席しました。正直なところ、「お祝いを言っていいものかどうか。どんな顔をすればいいのだろう」と、気が重かったのですが、行ってみて驚きました。3、4か月前に会ったときは、「9回の裏2アウトまできた、もうダメだ」と意気消沈していた人が、満面の笑みを浮かべて、夢を語っていたのです。

彼は老年医学の講師で、長寿者の研究を長年続けてきました。ところが、部長を務めて

いた附属病院の老年内科が、彼の定年退職を機に、他の診療科と合併することになってしまったのです。つまり、自分が研究を続けられなくなるだけでなく、彼の研究を受け継ぐセクションそのものがなくなってしまうわけで、これはショックです。私も研究者ですから、よくわかります。心血を注いできた研究が、引き継がれることもなく終わってしまうとは、自分自身の半生を無にされたようなものだからです。

年度末までと期限を区切られ、「もうダメだ。この研究を完成させることはできない」とあきらめていた彼が、一転して「あれもしたい、これもしたい」と夢を語り出したのは、研究継続の目処が立ったからでした。大学側が、「予算はつけられないが」という条件で、新たに研究センターを創設したのです。

研究センターとはいうものの、予算がないのですから、拠点は大学内の部屋一つ。彼は無給です。でも、そんなことは問題ではないのです。期限が区切られると人は、「そこで終わる」と思い、未来が断ち切られたような気持ちになってしまいます。ところが、「その先にまだある」となると、まったく違ってくる。目の前に新しい世界が開けるのです。

しかも、講師や教授ならば大学には大勢いますが、彼は「特別招聘教授」という、ごく少数の人にだけ与えられる特別な肩書きを与えられました。そのことによって、周囲の人々から賞賛されると同時に、これまで以上に調査もしやすくなったのです。「元講師」では、「研究のために採血させてください」と言っても、信用されずに断られてしまうかもしれませんが、特別招聘教授なら大丈夫です。

つまり、いったんは無にされかかった研究が大学に認められ、これまで以上の肩書きを付与されたことで、研究を完成させる、あるいは次世代に引き継ぐことができるようになった。これは、失くしかけた「未来展望」を再び手に入れた、ということです。未来展望とは、文字どおり自分の未来に関する展望ですが、人が生きていく上でこれはとても大切で、未来展望が持てないと、人は生きる意欲を失ってしまうのです。

では、定年退職によってそれまでのキャリアが断ち切られたとき、未来展望を手に入れるには、どうすればよいのでしょうか？

ひと言で言えば、「夢を持つこと」です。定年後にこれをしたいという目標、魅力のあることを見つけられるかどうかが、未来展望につながります。では、夢、すなわち魅力ある目標を見つけるには、どうすればよいのでしょうか？「お金にならなくてもやりたいことは何か」を、考えてみることです。

私のこの友人は、現役時代には報酬、すなわち給与をもらって研究をしてきましたが、退職後は給与をもらわなくても研究を続けたいと思ったわけです。彼にとって研究は、一生をかけて追求する大事な夢、本義なのです。しかし、大多数の人は、「給与をもらわなくても、これまでと同じ仕事を続けたい」とは、思わないのではないでしょうか。私の知り合いにも、会社は65歳まで継続雇用すると言っているのに、「今までと同じ仕事をさせられて、給与が半分になるのはイヤだ」と、60歳でリタイアした人がいます。

あなたは、どうですか？　現役時代の仕事を、無給でもしたいと思いますか？　そう思えないのであれば、その仕事はあなたの夢ではありませんし、それが本義になることもないでしょう。継続雇用で同じ仕事を続けたとしても、その間に別の何かを見つけないと、いずれ未来展望が持てなくなってしまいます。ただし、「仕事のなかに、これだけは無給でやってもいい」と思えることがあるなら、それはあなたの夢や本義につながっているかもしれません。

給与のように、外から与えられる報酬を、心理学では「外的報酬」と言います。それに対して、楽しいとか、満足するとか、有能感が持てるといった、自分の内から湧き出る報酬を「内的報酬」と言います。また、外的報酬によって何かをしたいと思うことを「外発的動機づけ」、内的報酬によって何かをしたいと思うことを「内発的動機づけ」と言います。

「給与をもらえなくても研究を続ける」というのは、「自分自身が楽しいから研究をする」ということであり、内発的動機づけです。「給与が半分になるから仕事を辞める」というのは、「お金をもらえるから仕事をしていたのに、もらえないならしない」ということで、外発的動機づけです。ただし、内外の動機づけは、互いに影響し合っています。

たとえば、隣人が足を骨折して困っているのを見て、純粋に親切心から、あなたが車での病院への送り迎えを買って出たとします。隣人が「ありがとうございます。本当に助かります」と、誠心誠意感謝してくれれば、「ああ、いいことをした」と、あなたはうれしくなって、それで満足するはずです。

ところが、「手間賃として500円お支払いします」と言われたら、どうでしょう?「そんなはした金のためにやるわけじゃないよ！」と怒りがわくか、「500円なら、さっさと行ってさっさと帰って来なきゃ。診察が終わるのを待ってはいられないな」などと親切心が消えてしまうかの、どちらかではないでしょうか。

内発的な動機づけで始めたことに、外的報酬が与えられると、内発的動機づけは下がってしまうのです。もうひとつ例を挙げましょう。

定年後は農業をしたい、という夢を抱いている人がいます。満員電車に揺られる通勤から解放されたら、田舎暮らしをして農業をしよう。最初のうちは無理でも、慣れてきたら農作物を売って多少なりともお金にすれば、暮らしの足しにもなるんじゃないか、と。しかし農業も、仕事でするのと趣味でするのでは、まったく違います。

仕事で農業をするときは、できるかぎり作業量を少なくして、高く売ることを考えます。要するに、効率第一。それに対して趣味で農業をするときは、作物を育てる過程を楽しむのが目的ですから、作業量を少なくしても意味がありません。効率を考えることなく、じっくり手をかけて育てる。そして収穫物は、売らない。家族で食べて「おいしいね」と言い合ったり、友人知人にあげて「ありがとう」と言われたりすることが、喜びになります。

かかった費用を回収しようとして売ったりすると、「あんなに手間暇かけたのに、たいしたお金にならない」と不満を感じたり、「こんな曲がったのじゃ売り物にならないと言われた」とがっかりしたりして、楽しくなくなってしまいます。求める報酬がお金という外的報酬になってしまうと、満足感や喜びという内的報酬は減ってしまうのです。

つまり、退職後の夢は「あわよくばお金にもなって」などと考えない方がいい、ということです。お金という成果を求めるのではなく、時間を楽しむことを目的にする。それをしている時間が本当に楽しいとか、充実していると思えることを見つけることが重要です。

どんなことが楽しいか、どんなことをすれば充実感が得られるかは、人それぞれですから、私が「これがいい」と言うことはできません。農業が楽しい人もいれば、絵を描いたり音楽を聴いたりすることで充実感を得られる人も、ボランティアが合っている人も、やっぱり仕事がいちばんいいという人もいるでしょう。いずれにせよ、あなた自身が「お金にならなくてもやりたい」「お金がかかってもやりたい」と思う何かが、退職後の夢となり、人生の本義となり、未来展望を生むのです。

退職はアイデンティティの喪失。
会社に未練があると、新たなアイデンティティを持てない。

定年退職とは、社会的なアイデンティティを失うことです。

アイデンティティとは、簡単に言えば「自分とは何者か」ということです。ただし、自分が「こうだ」と思っているだけではダメで、他者もそれを認めている状態をさします。

たとえば、自分が「俺は仕事ができる優秀な人間だ」と思っても、周囲の人々が「あいつは仕事ができない困ったヤツだ」と思っていれば、優秀な人間として扱ってくれません。そのため、自分でも「あれ？　何か違うぞ」と感じてしまい、「仕事ができる優秀な人間」というアイデンティティは成り立たないのです。

また、アイデンティティは一つだけではありません。「〇〇会社の社員」や「〇〇商店の従業員」「〇〇職人」といった社会的アイデンティティ、「優しい夫」や「厳しい父親」といった役割アイデンティティ、「20代の若者」や「40代の分別盛り」といった年齢アイデンティティなど、一人の人が複数のアイデンティティを持っているのが普通です。どのアイデンティティが重要かは人によって異なりますが、多くの場合、男性は社会的アイデンティティを重視し、それこそが自分の本質だと思っていることが多いのです。

ところが退職すると、いちばん大切な社会的アイデンティティを失ってしまいます。これは、自分を見失うのと同じことですから、とても大変です。それまで確固としてあった自分が、退職の日を境に、あやふやになるのです。自分探しがうまくいって、新たなアイデンティティを獲得できればいいものの、そうでないと失意の日々を送ることになります。

実際に、以前、退職後の生きがいについて聞き取り調査をした際に、そんな人たちがいました。
一人は、誰もが知っている有名大学を卒業して、業界トップクラスの損保会社に就職し、エリートコースをまっしぐらに走ってきた人です。この人は、「このままいけば役員になるのは間違いない。役員は定年がないから、まだまだ働ける」と思っていたのですが、社内の勢力争いに負けて閑職に追いやられ、そのまま役員になれずに定年を迎えました。そのため、「自分は誠心誠意会社に尽くしてきたのに、会社は冷たい。やり残した大事な仕事があるのに、なぜ自分を重用しないのか。今さらほかの会社に行って、つまらない仕事をしても仕方ない」と、恨みが心の中に渦巻いて、そこから離れることができません。結局、再就職もせず、新聞とテレビを見るだけの毎日を過ごすことになってしまいました。

もう一人は一部上場企業の副社長だった人です。この人は、先代社長の片腕として、小さな会社を一部上場企業にまで成長させた功労者です。ところが、社長の息子がアメリカの大学でＭＢＡを取得して帰国、新社長になると、追い出されてしまいました。役員会で、突然クビになったのです。以来その人は、じゃまにされているのがわかっていながら、毎週一回、会社に通っては元の部下と話すことを続けていました。

つまり、退職によって会社員としてのアイデンティティを喪失したとき、それに強い未練や執着があると、新たなアイデンティティを獲得することができない、新たなスタートを切ることができないのです。

それに対して、たとえば家が農家で、会社勤めをしながら農業もしていたような人は、すんなりとリタイア後の生活に移ることができます。会社員という社会的アイデンティティにもともとさほど大きな比重を置いていない上に、地元に根付いた生活をしているため、別の社会的アイデンティティがあるからです。

ところで、何年か前に、あちこちで老人が怒鳴ったり毒づいたりしている姿が見られるようになり、〝キレる老人〟が話題になったことがありました。「年をとった人は人間ができていて穏やか」という昔ながらのイメージとの落差が大きく、注目が集まったのですが、これなども定年退職と関係がある場合があります。

定年退職すると、それまでは部下がやってくれていたようなことを、自分でやらなければならなくなります。たとえば、地方に行くにしても、会社員だったときは部下に命じておけば、切符やホテルの手配は自分でしなくてすみました。役所に何かを申請するにしても、細々とした支払いをするにしても、総務や経理などしかるべき部署に書類を提出すれば、あとはそこがやってくれました。

ところが、退職するとそうはいきません。駅や役所や銀行や、さまざまなところに自分で行き、長時間並んで順番を待ち、あげくに窓口で「ここじゃありません」と言われたりする。そんなことが積み重なって、キレてしまうのです。ひと言で言えば、これは〝退職ショック〟で、要するに八つ当たり。「○○会社の部長」といった社会的身分を失い、〝タダの人〟になってしまった自分自身に対する怒りなのです。

「孤独感テスト」

定年退職して社会的アイデンティティを失うと、私たちは孤独を感じます。人はもともと社会的な存在であり、「社会に受け入れられたい」という根源的な欲求があるため、定年によって社会との関係を断ち切られると、孤独を感じるのです。特に、前出の二人のように、社会的アイデンティティに未練のある人は、孤独感が強くなります。

あなたはどうでしょうか？　あなたがどれくらい孤独を感じているか、孤独感を測る簡単なテストがありますので、やってみてください。

以下の質問の、該当する項目に○をつけてください。

問1　一人ぼっちだと感じる。

答　①まったく感じない　②どちらかといえば感じない　③どちらかといえば感じる　④たびたび感じる

問2　他人から孤立していると感じる。

答　①まったく感じない　②どちらかといえば感じない　③どちらかといえば感じる　④たびたび感じる

問3　まわりに人はいるけれど、心は通っていないと感じる。

答　①まったく感じない　②どちらかといえば感じない　③どちらかといえば感じる　④たびたび感じる

問4　まわりの人たちと共通点が多いと感じる。

答　①たびたび感じる　②どちらかといえば感じる　③どちらかといえば感じない　④まったく感じない

問5　人と親密だと感じる。

答　①たびたび感じる　②どちらかといえば感じる　③どちらかといえば感じない　④まったく感じない

問6　本当に自分のことを理解してくれる人たちがいると感じる。

答　①たびたび感じる　②どちらかといえば感じる　③どちらかといえば感じない　④まったく感じない

（UCLA孤独感尺度第3版短縮版）

答①＝1点、②＝2点、③＝3点、④＝4点として、合計点を出します。

判定（50歳以上男女）：15～17点「孤独感が高い」、18点以上「孤独感がかなり高い」

私たちが行なった調査では、50歳以上の人の平均点は、男性が11・8点、女性が11・2点でした。平均点と標準偏差をもとに算出すると、男女とも15点以上の人は孤独感が高く、18点以上の人は孤独感がかなり高いと言えます。

では、孤独感が高い状態とは、どのような状態をさすのでしょうか？　孤独感が高いとは、他者との親密な関係を求めているのに親密になれない状態、求めても得られない状態をさします。他者との関係がうまくいかずに、悩んでいる状態と言ってもいいでしょう。

このような状態を解消するには、まず相手の気持ちを尊重することが重要です。自分が求めるだけでなく、相手の気持ちを尊重することが大事なのです。そして、相手を尊重するにはどう行動すればよいかを考え、お互いに笑顔で接することができるように努力します。

また、人と会う機会を増やすことも大事です。心理学では「単純接触の原理」と言いますが、特に何かをするわけではなくても、接触回数が増えると好感度が上がるという現象があります。テレビなどで頻繁に見る人にはなんとなく好感を覚える、というのと同じで、頻繁に会う人ほど好感度が高くなり、親密になりやすいのです。つまり、閉じこもっていては孤独感は解消できません。人と会う場にこまめに出向いて行くことで、あなたから周囲の人への好感度も、周囲の人からあなたへの好感度も上がります。

さらに、自己開示を増やすことも効果があります。自己開示とは、個人的なことを相手に話すことですが、自己開示をすると人は親密になります。また、自己開示には返報性があって、相手から自己開示された人は、自分も自己開示しないと相手に悪いような気がします。

具体的には、たとえば取引先の人が「僕は学生時代にサッカーをやっていたんですが、会社に入ってからはもっぱらテレビで観るだけです」と言ったとします。そう言われると、いつ会っても仕事の話しかしない人よりも、親近感がわくのではないでしょうか。これが自己開示で、こう言われるとあなたも「僕もサッカーは大好きです。ワールドカップのときは……」などと、個人的なことを話すのではないでしょうか。

自己開示の内容は、趣味や最近観た映画、得意なスポーツなど何でもいいのですが、個人の秘密に属することを相手に話せるようになると、孤独感が低下します。若い人なら就職や恋愛の話、お年寄りなら病気自慢、中年なら仕事や子どものこと、今後の夢といったところでしょうか。ただ、あまりにも深刻な内容は、相手の心の重荷になりますから、注意が必要です。相手の重荷にならないように気を配りながら、誠実に心の奥を開示できるようになれば、あなたはもう孤独ではないはずです。

定年退職はゴールではない。
人生を複合的に生きるためのスタート地点。

一昔前ならば、定年退職はゴールでした。定年後は年金をもらいながら、たまに旅行でもしてのんびり暮らす、という生活を思い描く人が多かったのです。しかし今は、そうではありません。２０１３年に施行された改正高年齢者雇用安定法によって、60歳の定年以降、65歳までの雇用が確保されるようになりましたし、働く人自身の意識も変わってきています。団塊の世代を対象に２００５年に行なわれたある調査では、定年後を「第二の人生」と思う人（32・４％）よりも、「新たな出発」と思う人（45・５％）の方が多かったのです。

そもそも、60歳の人の平均余命は、男性で約23歳、女性は約28歳です（２０１４年厚生労働省）。つまり、男性は60歳の定年退職後も平均して23年間生き、女性は28年間生きるということ。ただのんびりと過ごすには、あまりにも長く、もったいない年月です。また、もともと定年制度は、高齢期になると能力が充分でなくなるから、という考えに基づいているわけですが、今は必ずしもそうではありません。70代前半ぐらいまでは、身体的にも知的にも現役として活動できる人が大半です。

そのためアメリカでは、能力があるのに一定の年齢で強制的に退職させられるのは「年齢差別」だとされていて、定年制度そのものがありません。日本では、若い人との仕事の奪い合いの問題や、年功序列の考え方、なんとなく年齢で人を評価するような伝統などもあるため、アメリカのように定年制度が廃止されるかどうかはわかりません。

ただ、個人のレベルでは、かつての定年の意味はもうなくなっていて、定年は人生の区切りの一つにすぎなくなっていると考えるべきでしょう。学校の卒業と同じように、定年を人生の区切りととらえて、そこから新たなスタートを切ること、人生を複合的に生きることを考えないと、長寿社会の生活設計は成り立たなくなっているのです。

平日と週末、オンとオフの区別がなくなる

スケジュールがないのは、解放ではなく束縛。
大事なのは日常を固めること。

現役時代は、スケジュールに縛られて生きています。その日のスケジュールだけでなく、週単位、月単位、年単位と何種類ものスケジュールがあって、もともと自分で立てたスケジュールのはずなのに、自分がスケジュールにコントロールされているのです。とは言え、私たちは時間の流れのなかで、いつも少し先を見ながら生きていて、スケジュール通りにうまくいくと、達成感があります。スケジュールをこなすことで、「ちゃんと仕事をして

いる」という感覚が得られるのです。

極端な例ですが、対極にあるのが刑務所に入った状態です。服役中は、スケジューリングが自分でできなくなります。刑期がありますから、何年経てば出られるかはわかっていますが、それまでの間は自分で予定を立てることができません。つまり、自分で自分の将来のことが決められない、未来展望が持てない状態になるわけで、これが苦しいのです。

定年退職すると、これによく似た状態になります。最初のうちは、スケジュールの束縛から解放されてうれしいのですが、予定が何も立たないために、だんだん苦しくなってきます。未来展望が希薄になってしまうのです。別の言い方をすると、退職とは、与えられた日常がなくなることです。自分で日常を創造しないといけないのですが、与えられた日常を生きることに慣れていると、これが難しいのです。

みなさんは、平日の昼間、図書館に行ったことがあるでしょうか？　行ったことがある方はご存知だと思いますが、座る場所に空きがないほど、退職後の男性が大勢いて、じっと新聞や雑誌を読んでいます。図書館は本来、本を借りたり調べ物をしたりする必要が生じたときに出かけて行く、非日常空間です。一方、毎日通うのは、日常的な行為です。つまり、毎日のように図書館に通って新聞や雑誌を読んでいる人たちは、非日常を日常にしようとしているわけです。

こんな人がいました。その人は製薬会社の役員で、「退職したら毎月一回、ぜいたくな旅行をしよう」と、奥さんと約束していたのだそうです。役員ですからお金はありますし、忙しくてろくに奥さんといっしょに過ごせなかったことへの罪滅ぼしの気持ちもありました。それに何よりもその人自身が、「退職後はゆっくり旅行をしたい」と思っていました。そして、退職後。約束通り毎月、グリーン車に乗って高級旅館に泊まるような、贅沢な旅行をしたのです。初めのうちは、計画を立ててあちこち旅して歩くのが、とても楽しかったそうです。でも、本人にも意外なことに、半年足らずで飽きてしまいました。

「定年退職したら、何をしたいですか？」というアンケートを取ると、必ず第1位は「旅行」です。みんな、旅行をしたいのです。なぜかというと、旅行は非日常の典型だからです。現役時代、日常生活に疲れているときは、非日常に身を置きたいと、誰もが希求するのです。

ところが、日常がないと非日常は成立しません。非日常が日常になってしまうと、楽しくないのです。図書館に通って新聞や雑誌を読んでいる人たちも、おそらく楽しくないと思います。「今日は時間が空いたから、図書館に行って、前から読みたかった雑誌を読もう」というのなら楽しいと思いますが、毎日図書館に行って義務のように雑誌を読んでも、楽しくはないでしょう。

先ほどの、元製薬会社役員だった男性は、私がインタビューしたときは、近隣のお年寄りを病院に送迎するボランティアをしていました。おそらく、「旅行に行っても楽しくない」とか、「毎日暇で困っている」などと、誰かに愚痴を言ったのではないでしょうか。そして、製薬会社とのつながりで、病院への送迎というボランティアを紹介されたのだと思います。「送迎に加えて、近頃は診察の付き添いも始めた」と言っていましたから、自分から積極的にボランティアに関わるようになっていることがわかります。彼にとって、ボランティアが本義になりつつあるのです。さらに、「ボランティアを始めてから、奥さんとの旅行も復活した」とも言っていました。日常ができたことで、たまに行く非日常の旅行が、また楽しくなったのです。

このことからわかるのは、日常を固めることの大切さです。日常を創造すること、単に時間をつぶすのではなく、未来展望を持てるような充実した日常を創ることが、重要なのです。たとえば図書館も、「郷土史を調べたい」とか「植物のことを知りたい」というような自分なりのテーマがあり、調べたことをまとめて冊子にしたい、ブログに書きたい、自治体の文化祭で発表したい、などの目標があって通うのであれば、それが未来展望になりますし、日常が充実します。スケジュールが何もないのは、人間にとって解放ではなく束縛なのです。

人は空虚な時間に耐えられない。いかに空虚時間を減らし、充実時間を増やすか。

人は、まったく何も考えない、空白な状態でいることができません。休みの日に「今日は何もしないぞ」と思って横になっていても、頭だけは働いて、ふと気づくと何かを考えてしまっています。そして多くの場合、頭に浮かんでくるのは、日頃から気になっていることや不安に思っていることなど、あまりよくないことです。つまり、よけいなことを考えてしまうわけです。

それでも、空虚な時間が一次的なものなら、いいのです。普段、忙しく過ごしているからこそ、ボーッとしている時間がほしいと思うのですし、何もしない時間に意味があるのです。普段から何もすることがないなら、ボーッとする時間は要りません。日常があるから非日常があるように、充実時間があるから空虚時間があるのです。

退職すると、仕事という充実時間がなくなります。仕事は、イヤだとか束縛だと思う反面、喜びや達成感を与えてくれる充実時間でもあります。仕事ほど達成感の得られることはめったにありませんし、仕事ほど充実した時間もほかにありません。退職してからの日常生活では、仕事と同じように時間を充実させるのは、とても難しいことなのです。

そのため、退職後は何をやってもおもしろいと感じません。しかし、人は空虚な時間がずっと続くことに耐えられません。なんとかして空虚な時間を減らし、充実時間を増やさなければなりません。では、どうするか?

意識して、〝ワンダフル〟な生活を心がけることです。私たちは、「ワンダフル」を「素晴らしい」と訳しますが、ワンダフルとは本来、「ワンダー・フル」です。驚き（ワンダー）に満ちている（フル）ことが、ワンダフルなのです。

人は、年齢を重ねると驚くことが少なくなります。子どもの頃は毎日が驚きの連続だったのに、いつの間にか驚きがなくなってしまいます。しかし、心がけしだいで驚きは蘇ります。「ああ、こんなことは前にもあった。珍しくない」と思うのではなく、「前にあったことと同じだろうか?」という目で見るだけでも違います。周囲の物事を観察したり、人と話をしたりすれば、さらに驚きと出会うことができます。

たとえば、花が咲いたり木々が紅葉したりしたとき、「きれいですね」と口に出して言うと気持ちが変わります。黙って通り過ぎてしまえば驚きも何もありませんが、「きれいですね」と言ってそばにいた人と立ち話でもすれば、その光景が記憶に残ります。「きれいだった」という驚きが心に刻まれますし、「向こうの公園の桜もきれいですよ」という話になって、いっしょに見に行くことになったりするかもしれません。そうなれば仲間ができたり、世界が広がったりします。

買い物に行って、お店の人と話をするだけでも驚きがあります。私も、酒屋で吟醸酒を買おうとしたら、店主に「今夜は何にするんですか?」ときかれたことがありました。鱈ちりだと答えると、「ああ、じゃあ大丈夫です」と言うので、その理由をきくと、「吟醸酒は、醤油をつけたものを食べると苦く感じるから」とのこと。酢を入れるといいので、ポン酢で食べる鍋なら大丈夫なのだそうです。このことは知りませんでしたから、ちょっとした驚きがありました。

仕事でどこかに行く途中なら、花を見る余裕はないかもしれません。仕事に必要なものを買いに行ったのなら、立ち話などせずに、さっさと戻らなければならないでしょう。仕事で充実感が得られる分、ほかのものに目が向きませんし、時間のほとんどを仕事に取られてしまいがちです。でも、退職後はその時間をほかに生かすことができますし、いろいろなものに目を向けることができます。意識してワンダフルな生活を心がけることで、日常の時間が充実してくるのです。

生活スタイルそのものを変えることも可能。
悪い要因を抑制し、良い要因を促進する。

定年退職を機に、故郷に帰りたい、あるいは田舎暮らしをしたい、という夢を抱いている人もいると思います。そのような人には、事前に考えておくべきことが二つあります。まず一つめは、日常をどう固めるかです。田舎に行ったからといって、それだけで充実した毎日が送れるわけではありません。行ったあと、どんな日常があって、どんな未来展望を持てるかを、あらかじめ考えておくことが、田舎暮らしが充実するかどうかのポイントです。

もう一つは、配偶者が同じ夢を抱けるかどうかです。多くの場合、故郷に帰りたいとか田舎暮らしをしたいとか言うのは夫で、妻は反対します。故郷に帰る場合には、夫婦が同郷なら別ですが、夫の故郷は妻の故郷ではありません。夫は故郷の友だちや親戚と会って楽しんだり、出かけたりできますが、妻は友だちや知り合いもいませんし、その土地に想い出もありませんから、楽しくありません。

故郷以外の田舎に行く場合でも、妻は楽しくないのが普通です。どこに行っても、これまでと同じ日常生活が続くことが、妻にはわかるからです。家事をして、夫の世話をして、という生活なら、慣れない不便な土地で暮らすより、馴染んだ今の町にいる方がいいのです。

私たちが何らかの行動を起こすとき、そこには必ず「促進要因」と「抑制要因」があります。田舎暮らしの場合、夫には「自然に親しめる」「家が広々としている」「近所づきあいが楽しい」といった促進要因があり、それが「不便」などの抑制要因を上回っています。ところが妻の方では、「買い物が不便」「家の設備が整っていない」「近所づきあいが煩わしい」といった抑制要因が、「自然に親しめる」といった促進要因を上回っているのです。

したがって、田舎暮らしをしたい人は、配偶者によく話を聞いて、何が抑制要因かを把握した上で、それを減らして促進要因を増やすように心がけることが大事です。

定年退職を機に、生活スタイルを変えようとする場合も同様です。たとえば、これまでは夜が遅く不規則な生活だったとします。それを朝型の規則正しい生活に変えようと思っても、思っただけではなかなか実行できません。「早起きするのがつらい」「起きてもすることがない」などの、抑制要因があるからです。これを変えるには、抑制要因を上回る促進要因を見つけること、すなわち楽しみを見つけることです。

早起きして活動しているお年寄りを見ると、仲間同士で誘い合ってウォーキングをしたり、ラジオ体操をしたりしています。人と会って話したり、体を動かしたりすることが、楽しみなのです。現役世代のなかにも、出勤前にジョギングやサーフィンなどをする人たちがいます。仕事があるのに早起きするのは大変だと思いますが、体を動かすことの爽快感や、おしゃべりをする楽しみなどの促進要因が、早起きがつらいという抑制要因を上回っているために、続けられるのです。

収入が激減する、不安が募る

リタイア後も、現実社会の影響は受ける。
不安定な社会で老後を送ることを覚悟する。

日本はこれまで安定した社会でしたが、今後はアメリカ型の不安定な社会になっていきます。仕事は能力給になり、起業する人が増え、職業の流動化や貧富の差がますます激しくなります。定年退職すると、社会の動向とはあまり関係がなくなるような感じがしますが、そうではありません。高齢者もまた、不安定なアメリカ型の社会で老年期を送ることになるのです。

一方で、日本はアメリカのように完全に「自力でやれ」という社会ではないため、リスクを冒して投資をする人はあまりいません。また、北欧のように死ぬまで国が面倒をみてくれる社会でもありませんから、みんな貯蓄をします。政府がいくら貯蓄を投資に回させようとしても、この傾向は変わらないどころか、ますます拍車がかかるのではないでしょうか。

というのも、お金がないと死に場所がないからです。介護が必要になったとき、特別養護老人ホームのような公的な施設に入れるかというと、待機者が多すぎて、入るのはほぼ不可能です。施設数も増えませんし、医療のベッド数も増えません。子どもがいても、頼ることはできません。子どもたちは、これまでの日本のような安定雇用ではないため、経済的にも余裕がありませんし、介護のために休めばクビになるようなケースもあって、とても親の面倒までみることはできないのです。

今、増えているのは、有料老人ホームのような民間の施設だけです。つまり、ある程度のお金がないと入れない、死に場所を確保できないということです。自宅で最期までと思っても、介護保険を使うにもお金が要りますし、保険の限度を超えてヘルパーなどを頼もうと思えば、その分は自費です。

退職後のお金の問題はとても大きく、重くのしかかってきます。具体的にどうするかは、老後のやりくりを特集した雑誌や書籍がたくさん出ていますから、そちらを参考にしていただくとして、ここでは心理面を考えます。

人は、収入がなくなると不安になります。働いて収入を得ていると、生活できるという安心感がありますが、退職すると、十分な年金や貯蓄のある人は別として、たいていの人は不安になるのです。特に女性は、一般的に男性よりも不安感が強く、安定を求める傾向があります。それに対して男性は、ロマンを求めます。本当は収入を得るために働いているのですが、夢とかロマンが大事だと思っていることが多いのです。

現役時代は収入がありますから、安定を求める妻の気持ちと、ロマンを求める夫の気持ちのバランスがとれています。ところが、夫の退職によって収入がなくなったとき、安定性が脅かされていると妻が感じると、往々にして夫婦の関係が悪くなります。妻は「働いてくれないと困る」と言い、夫は「いい仕事がない」とか、「あんな仕事はしたくない」などと言い、喧嘩になってしまうのです。

つまり、定年退職に際しては、お金の計画を立てると同時に、お互いの精神的なバランスについても、あらかじめ考えておく必要があるのです。収入のないことに、不安を感じるかどうか。不安ならば、夫が働くのか、妻が働くのか、二人とも働くのか？　どう働くのか？　家事の分担はどうするのか？　そういったことを、あらかじめ話し合っておくことです。

この点をなんとなくうやむやにしたまま退職生活に突入すると、必ず衝突すると言っても過言ではありません。退職後のお金の計画を立てるときが、お互いの気持ちを正直に打ち明けるいいチャンスです。この機を逃さずに、話し合ってみてください。

妻に依存する、夫婦がすれ違う

夫は妻と一緒にいたいと言うが、妻は一人でいたいと言う。
退職後に迎える夫と妻の自立。

退職後、夫は「妻と一緒にこれからの人生を楽しみたい」と言いますが、妻は「私を一人にしておいて」と言います。この話を講演などですると会場が大受けするのは、みなさん思い当たる節があるからでしょう。夫は、これまでは仕事優先で、妻と一緒に何かすることがなかったから、これからは何事も一緒に仲良く、といった夢を抱いています。ところが妻は、そうではありません。

定年退職前の夫婦の満足度調査をすると、ほとんどの項目で、夫婦の満足度は一致しています。夫が満足していることは妻も満足、夫が不満なことは妻も不満なのですが、一つだけ大きく食い違っている項目があります。社会的評価です。妻も働いている場合は別ですが、専業主婦や、働いていてもパートなどの場合は、社会的評価が得られないために、満足できないのです。

そこで妻は、社会的評価を得ようと努力します。家事を効率化し、少しずつ自分の時間を作って、友人との集まりや趣味のサークル、地域のボランティア活動などに出かけていくのです。子どもが手を離れれば、こういった活動はますます盛んになります。友人たちと互いにほめ合ったり、習い事が上達したり、人の役に立ったりすることが社会的評価となり、満足感を得られるからです。

しかし夫は、仕事によって社会的評価を得られるため、それで満足してしまい、仕事以外の世界を作ろうとしません。仕事にどっぷりと浸かっていた夫は、リタイアすると、自分の世界と言えるものが何もなくなってしまうのです。かくして、社会から切り離され、何をしてよいかわからなくなった夫は、妻に依存しようとしますが、妻はそれを拒むのです。

実際問題として、夫が毎日家にいるようになると、妻は家事の負担が増えます。自分一人なら残り物ですませる昼食も、夫がいれば何か作ることになります。出かけようと思っても、「どこへ行くの？」「何時に帰るの？」と、聞かれます。煩わしいことこの上ありません。

夫が妻を快く送り出し、留守の間に掃除でもしておいてくれるなら、妻も感謝してくれると思います。ところが多くの場合、夫は不満を顔に出します。「俺を置いてどこへ行くんだ」「自分だけ遊んでけしからん」というわけです。こうなると、喧嘩です。夫と妻の関係も、ウィークデーと週末、日常と非日常があったからうまくいっていたのですが、退職を機にオンとオフがなくなると、うまくいかなくなってしまうのです。

では、どうするか？　相手を配偶者とは違う意味のパートナー、すなわち仲間とか相棒、同伴者だと思うことです。退職後は、夫婦がもう一度夫婦に戻る時期ではありますが、若いときと違って、夫婦が一体になっていく時期ではありません。夫婦が互いに自立する時期、お互いを自分とは別の一個の人間として、認め合う時期なのです。

夫婦だと思うからわがままが出たり、「言わなくてもわかるはずだ」と思ったりするのです。相棒ならば、何かするときは自分のしたいことをきちんと説明し、相手の了承や協力を得ようとするはずです。そのような意味でのパートナーシップ、相手を尊重する気持ちがあってこそ、退職後の夫婦はうまくいくのです。

退職後、家に居場所がない。
居場所とは、自分の存在意義を認められた場所。

退職後、「家に居場所がない」とか、家族に「粗大ゴミ扱いされる」という話を聞きます。何もせずにゴロゴロしているので、じゃまにされるということだと思いますが、そもそも「居場所」とは、どんな場所をさすのでしょうか。

たとえば、読書が好きで一日中でも本を読んでいたい、という人がいたとします。この人は、家で本を読んでいると「本ばかり読んでいないで、たまには家のこともしてよ」などとイヤミを言われるので、毎日図書館に通って本を読んでいます。果たして、この人の居場所は家なのでしょうか、図書館なのでしょうか?

この人にとって、家が居場所でないことは、明白です。では、図書館が居場所かというと、これも違います。家にいられないので、しかたなく図書館に来て、家でするのと同じことを、一人でしているだけだからです。

居場所とは、自分一人で何かをする場所や、そこでの行為をさすのではありません。アパートで一人暮らしをしている人にとって、アパートが居場所かというと、そうではありません。アパートは住処であって、居場所ではないのです。

居場所とは、「誰かとともに、何かをする場所」をさします。つまり、人との関わりを前提とした言葉なのです。さらに、「居」という言葉には、その人がそこに居ることが確かである、という意味があります。言い換えれば、その人が存在していることを、周囲の人々が認めている状態です。現役時代、職場が居場所だったのは、あなたの存在意義を同僚や上司や部下が認めていたからです。みんなと一緒に、仕事という行為をしていたからなのです。

要するに、「居場所がない」とは、自分の存在意義を認めてくれる場所がないということであり、「家に居場所がない」とは、家族に存在意義を認められていない、ということです。では、どうすれば家が居場所になるのでしょうか?

家族のために何かをすること、家族の役に立つことや、喜ばれることをすることです。「家族のためにずっと働いてきたのに、退職後まで何かしなければいけないのか」と、怒る人がいるかもしれません。しかし、夫が働いていた間、妻はずっと夫を支えてきたのです。しかも、夫が退職してゴロゴロしていても、妻は家事を〝退職〟することができません。イヤミの一つも言いたくなるというものです。

そこで、たとえば「家族の靴は全部、俺が磨く」とか、「カレーとおでんは俺が作る」「アイロン掛けは俺がする」といった特技を身につけて、実践してみてはどうでしょうか。もちろん、炊事洗濯掃除という家事全般を分担することができれば、それに越したことはありません。が、いきなりすべてをやろうとしても、無理があります。まずは自分にできそうなこと、続けられそうなことを、完全に退職する前から練習して、できるようにしておくことです。

なにも、どこかに出かけて行って何かをするだけが、日常を固める行為ではありません。家族に喜ばれる何かをすることも、居場所を作り、日常を固めてくれます。たとえ最初は義務感からしたことでも、家族に感謝されたり喜ばれたりすれば、それが報酬となってやる気がわいてきます。

では、一人暮らしの人はどうすればいいのでしょうか？　一人暮らしの人が退職したり、夫婦で暮らしていた人が配偶者を亡くしたりすると、居場所を喪失してしまうことがあります。「女性は家事ができるから、一人になっても困らない」と言われますが、家事ができても、家が居場所でなくなってしまうことは同じです。料理を作るのも、夫が「おいしい」と喜んでくれると思って作るのと、自分だけのために作るのでは、意味が違います。実際に、「夫を亡くしたら食事を作る気がしなくなって、栄養失調になりかけた」という人もいます。

農村などでは、お年寄りが集会所に手作りのお惣菜を1、2品ずつ持ち寄って、お昼ご飯をいっしょに食べたりすることがあります。このような仕組みがあれば、居場所を失うことはないのですが、都市部ではそれも難しいでしょう。そのため都市部では特に、あらかじめ意識して、地域に居場所を見つけておくことがとても重要です。自分だけ、あるいは家族や夫婦だけの閉じた関係ではなく、地域という開かれた関係のなかにも居場所を見つけること。この件については、「3　ライフイベント『地域活動への参加』」の項で詳しく述べます。

2 ライフイベント「継続雇用、再就職」

同じ職場で働き続ける

部下と職位が逆転する、賃金が半減する。
満足度をどう上げるか。

以前、定年退職した人たちの満足度を調査したことがあります。その調査では、最も満足度が高かったのは起業した人たちで、2番目が別の会社に再就職した人たち。3番目が同じ会社に継続雇用された人たちで、最も満足度が低かったのは完全に仕事を辞めた人たちでした。

仕事を完全に辞めてしまうと満足度が低いのは、これまでに見てきたことからもわかります。一次的にせよ、社会的アイデンティティを失い、未来展望が持てなくなってしまうからです。しかし、その次に低いのが、同じ会社に継続雇用された人たちだというのは、ちょっと不思議な気がします。同じ会社で働き続けるとは、まったく同じ内容の仕事ではないにしても、慣れた環境で仕事を続けられるということであり、精神的な負担が少ないと思われるからです。

ところが実際には、同じ職場で働き続ける人たちの満足度は、別の会社に再就職した人よりも低いのです。おそらくそれは、役職の停止で部下と職位が逆転したり、同じ仕事なのに給与が半減したりすることで、プライドが傷ついたり、モチベーションが下がったりしてしまうからでしょう。ほかの仕事をするよりはいいと思って会社に残ったのに、「こんなはずじゃなかった」と思ってしまうのです。

では、同じ職場で働き続けることを選んだとき、満足度を上げるにはどうすればよいのでしょうか？　まず、役職や給与といった外的報酬にこだわるのをやめ、自分自身の充実感や仕事自体の楽しさといった、内的報酬に目を向けることです。働く目的を、外的報酬から内的報酬に切り替えるのです。ただ、そうは言っても、定年前と同じような仕方で仕事をしていたのでは、なかなか吹っ切ることができないと思います。では、どうするか？

吹っ切るコツは、自分の多面性を生かすことです。継続雇用とは、これから役職や賃金が上がるという自己拡大が、できなくなるということです。したがって、これまでと同様に自己拡大欲求を持ち続けると、プライドやモチベーションが保てなくなって、満足感が得られません。そこで、拡大という考え方をスイッチして、これまで眠っていた自分のなかの多面性を試してみるのです。

たとえば、同じ仕事でも、やり方は一つではないはずです。自己拡大を目指していたときには、複数ある方法のうち、もっとも確実な方法、もっとも効率のよい方法を選んでいたのを、少し遠回りでも今までと違う方法を採ってみる。違う人と会ってみる。おもしろそうだと思ったことを、やってみる。チャンスがあれば、別の仕事に挑戦してみる。あるいは、これまでの経験のなかで興味を引かれたことに、力を入れてみる。そんな風にして、自分の多面性を自分で引き出すのです。

私の知り合いに、こんな人がいます。彼は、社会福祉系の団体に勤めていて定年退職し、同じ団体に継続雇用されました。退職前は、社会福祉のなかでも高齢者関係の仕事が多かったのですが、そもそも彼が福祉の世界に入ったのは、障害のある子どもたちの福祉に携わりたいと思ったからでした。そこで、継続雇用されてからは、以前よりも融通が利く立場になったことを生かして、障害のある子どもたちに関する仕事に力を注ぐようにしたのです。その結果、彼のところには子どもたちに関する仕事が集まるようになり、今ではそれがほぼ専門になっています。

長年仕事をしていると、「自分は本当はこれをしたいんだ」とか、「こういうことに向いている」ということがわかってきます。私の知人のように、仕事を始めた当初の夢を実現したいという人もいるでしょうし、新しい夢を追いかけたいという人もいるでしょう。しかし、そうは思っても、現役のうちは効率第一で自己拡大していかなければなりませんから、本来の業務でないことはなかなか実行できません。自己拡大を目指さなくてよくなる定年退職後こそが、心の奥にしまい込んだ夢を実現するチャンスなのです。

役職を外れるとは、自由を手に入れることでもありますし、自分をリセットすることでもあります。同じ職場にいることを選んでも、同じ自分でいなければならないわけではありません。別の自分を見つけ、これまでとは違う能力を発揮して、周囲の人を驚かせるぐらいになれば、あなた自身の満足度も高まっているはずです。

60~65歳は、まさにターミナル。
退職後の準備をする練習期間と考える。

同じ職場に継続雇用されたはいいけれど、自分の多面性を生かす余地もないし、かといって生活のために仕事を辞めるわけにもいかない、という人もいるでしょう。そのような場合は、継続雇用の期間を、次のステップへの練習期間だと考えるとよいでしょう。

ところで、みなさんは「ターミナル」という言葉で、何を思い浮かべますか？　バスターミナル、ターミナルホテル、ターミナルビル、なかにはターミナルケアを思い浮かべる人もいるかもしれません。ターミナルとは、鉄道やバスの終点を意味しますが、終末期医療を「ターミナルケア」と言うのは、そこが人生の終点だからではありません。この世からあの世、現世から来世への〝乗り換え地点〟だからです。考えてみれば、バスターミナルや鉄道の終着駅も、そこへ行って終わりではありません。そこで乗り換えたり、そこから歩き出したりするための場所なのです。

同様に、60歳から65歳の間は、人生のターミナルだと私は思います。60歳で定年を迎えても、希望すれば65歳までは継続雇用されますが、この期間は「仕事をする時間が延びた」のではなく、「退職後の準備をする時間を得た」のです。役職を失ったり、収入が半減したり、フルタイムでなくなったりするのは、嘆くべきことではなく、むしろ歓迎すべきことです。退職後はこうなるという状態の、練習になるからです。

人生にはぶっつけ本番の、練習できないことが多々あります。しかし幸いなことに、今回は練習期間がもらえたのです。そう思って、趣味に励んだり地域デビューに挑戦したりすれば、肩書きや給与といった外的報酬が減っても、さほど苦にならないはずです。会社の外の自分、仕事以外のアイデンティティを持つことで、外的報酬にとらわれる気持ちが薄れていくからです。

違う職場で働く、これまでとは違う仕事をする

定年後は組織コミットメントではなく、キャリアコミットメント。
キャリアをどう生かすか。

将来どんな仕事をしたいかときかれて、「○○会社の社員」と答える子どもは、まずいません。企業城下町と呼ばれるところでは、もしかしたら「トヨタの社員になりたい」などと言う子がいるかもしれませんが、「サッカー選手になりたい」とか、「先生になりたい」「お花屋さんになりたい」などと答えるのが普通です。人生の初めにおいて、人は組織ではなくキャリアにコミットしているのです。

「コミットメント」は、かかわりあい、関与、約束、言質《げんち》などと訳されますが、心理学でコミットメントといった場合は、愛着、あるいは何かにとらわれた状態、と言った方が近いかもしれません。たとえば心理学でいう「組織コミットメント」は、愛社精神や会社への忠誠心と言い換えることができます。企業が入社式で、自社の誇るべき歴史や偉大な業績を新入社員に知らしめるのは、組織コミットメントを高めるためです。会社の不正に気づいても、なかなか内部告発する人がいないのも、組織コミットメントが強固だからです。

長年つきあっている男女が、愛情がなくなっても別れられないのは、コミットメントが働いているから。店で「これを買います」と言ってしまうと、「やっぱり買わない」と言いにくいのも、コミットメントが働いているから。いったん行列に並んでしまうと、「バカバカしい」と思っても途中で離脱する決心がつかないのも、コミットメントが働いているからです。

会社などの組織に属している人は、組織コミットメントにとらわれています。人にはもともと組織に属したいという欲求がある上に、会社側も給与を上げたり、賞与を与えたり、役職に就けたり権限を持たせたりと、社員のコミットメントを高めるためにさまざまな工夫をするからです。

ところが退職すると、組織コミットメントが断ち切られます。定年退職後、別の職場に再就職しようとする人は、いわば子どもの頃の状態、キャリアコミットメントに戻らなければならないのです。組織コミットメントにとらわれたままだと、「前の会社はよかった」「前の仕事はやりがいがあった」と、いつまでも気持ちを切り替えることができません。

私たち研究者もそうですが、専門職の人たちは、キャリアコミットメントです。たとえ組織に属していても、その組織のなかでどう自己拡大するかというよりは、自分の専門のなかでどうレベルアップして、どうキャリアアップしていくかが重要だと考えています。会社員でも、技術・技能系の人などは、やはりキャリアコミットメントであることが多いでしょう。そのため再就職に際しても、第一に考えるのは、自分の技術・技能を生かせる仕事をしたい、ということではないでしょうか。

では、一般職や総合職の、ホワイトカラーと呼ばれる人たちは、どうでしょうか？　会社から離れたとき、何を自分のキャリアと言うべきでしょうか？　それまでの経験のなかの何を、別の仕事に生かせるでしょうか？

私の知人で、東京の旅行代理店で企画を担当していた人がいます。その人は定年退職後、とある地方の町役場の顧問になりました。本来の仕事は、どうすれば町に観光客を呼べるかを考えることですが、そのうちに、町役場の若い職員の教育が本業のようになったそうです。というのも、彼が赴任した当初は、企画会議を開いても会議にならない状態だったからです。

ずっと地元にいて町役場に就職した若い職員は、当然のことながら一般企業に勤めた経験がなく、企業の会議の仕方を知りません。会議の際には事前に資料を用意し、当日はそれを全員に配布し、パワーポイントを使って説明して、といったことを何もしないまま会議を開いていたのです。そこで、まず資料の作り方やパワーポイントを使ったプレゼンテーションの方法を教え、会議の仕方を企業風に改めたところ、若者たちのやる気ががぜん高まってきました。それを見た役場の上司が彼に、教育係としていろいろ教えてやってくれと頼んだのです。

この例からわかるのは、自分では気づかないこと、当たり前だと思っていることも、別の職場ではキャリアとして生きる場合があるということ。それまでの自分の本業とは別のところで、キャリアを生かせることもあるということです。町役場の教育係になった彼のように、偶然自分の能力に気づくこともありますが、組織を離れたときに何が自分のキャリアなのか、他者から見たら何が自分の能力なのかを、事前に把握できればそれに越したことはありません。できれば定年を迎える前に、仕事をしながら自分を見つめ直し、組織コミットメントからキャリアコミットメントに舵を切っておくとよいでしょう。

それまでと同じレベルの仕事はない。
お金に代わる社会的評価を得る。

ハローワークで、「どんな仕事ならできますか?」ときかれて、「部長なら」と答えた、というジョークがあります。実際にこう答える人はいないと思いますが、心のなかでは似たようなことを思っている人が多いのではないでしょうか。

定年退職をして、別の職場に再就職しようとする場合、今までの仕事と同レベルかそれ以上の仕事は、なかなかありません。というよりも、ほぼないと言った方がいいでしょう。そのとき、「こんなくだらない仕事ができるか！」とか、「こんなはした金で働けるか！」と思ってしまうと、再就職はできません。自己拡大欲求に基づいた物差しは捨てないと、次に進めないのです。

では、給与や地位や権限といった物差しを捨てて、何を新たな物差しにすればいいのでしょうか？　おそらくそれは、社会的評価だろうと私は思います。

この前、とある女子大に行ったときのことです。女子大だけあってガードマンがたくさんいるのですが、そのガードマンがみんな中高年なのです。不審者を追いかけて捕まえる、といった行為だけに目を向ければ、若者の方が役に立ちそうです。しかし、学校側はあえて中高年を置いているのです。なぜでしょうか？

一つには、中高年は経験値が高いからでしょう。さまざまな経験を積んでいるために、異常事態に気がつきやすい。さらに、不測の事態が起こっても適切に対処できる。また、中高年は若者と違って、自分をコントロールすることができます。それは、女子大生に対してもそうですし、外部からの訪問者に対してもそうです。好みの女の子がいても声をかけたりしない、疲れていても愛想よく受け答えする、といったことですが、実際に私が道順を尋ねたときも、丁寧な応対でとてもいい感じでした。

つまり彼らは、雇い主である大学側から高く評価されていることに加え、学生や保護者、教員や職員、訪問者といったさまざまな人たちからも高く評価され、存在意義が認められている。すなわち社会的評価が高いのです。そして、社会的評価の高さが内的報酬になって、誇りを持って仕事をしているのです。定年後の再就職に際しては、この女子大のガードマンのように、自分が努力することで社会的評価を得られる仕事かどうか、ということを念頭に置くといいと思います。そして再就職してからは、自分自身やその仕事自体の社会的評価を高めることを、目標にするといいのではないでしょうか。

ところで、再就職しようとしている人のなかには、必ずしも元の仕事と同じレベルを求めているわけではないのに、「したい仕事がない」とか、「面接で落とされる」と嘆く人がいます。そのような人は、誰かに雇ってもらうことではなく、自分で起業することを考えた方がいいかもしれません。「したい仕事がない」というのは、ほかにしたいことがあるということですし、「面接に通らない」というのは、他者に認められようとして認めてもらえない状況だからです。

他者に認められるのを待っていても満足度は上がりませんが、起業することができれば、満足度は一気に上がります。退職後の満足度は、起業した人がもっとも高いのです。

起業というと二の足を踏む人が多いと思いますが、お金をたくさん儲けようとか、大きく成功しようとか思わなければ、いいのではないでしょうか。起業にあたっても、物差しは若い頃とは違います。自己拡大欲求ではなく、社会的評価を物差しにして、人に喜ばれることをする。赤字にならなければ、よしとする。そんな気持ちで起業すれば、うまくいくのかもしれません。

3 ライフイベント「地域活動への参加」

地域に居場所を見つける

人は人にプレッシャーを感じる。
仮面を被らなければならないから、人に会うのが面倒。

「定年退職後は、地域に居場所を見つけないといけない」と思っている人は多いと思います。居場所とは、「誰かとともに、何かをする場所」であり、「自分の存在意義を、周囲の人々から認められている場所」です。
なかには、「そもそも〝地域の居場所〟といっても、どこを指すのかわからない」という人もいると思いますが、誰かと一緒に何かをする場であれば、どこでもいいのです。マンションや団地の自治会でも町内会でも、体育館や公民館で催される各種教室でも、趣味の会でも、ボランティアでも、老人クラブや高齢者大学でも、何でもいいのです。参加して一緒に活動するうちに、メンバーとしての存在意義が認められ、そこが居場所になるのです。

ところが、居場所の大切さもわかるし、地域デビューしたいと思ってもいるのに、いざとなると二の足を踏んでしまう、という人が案外大勢います。「きっかけがつかめない」と言うのですが、出かけて行って「一緒にやらせてください」と言えばいいわけで、特段難しいことはないように思います。それがなぜ、二の足を踏んでしまうのでしょうか？

一つには、プレッシャーを感じるからです。人は、人と会うときにはいつも、相手の心の動きを考慮して自分の行動を決めています。意識してというよりは無意識にですが、相手の心を読んで、どう行動すべきかをとっさに判断しているのです。特に初対面の場合は、相手がどんな人かわかりませんから、注意深く相手を観察し、慎重に行動しなければなりません。一対一でもプレッシャーを感じるのに、集団のなかに入って行く場合は、見知らぬ複数の人の心を読み、適切に行動しなければなりませんから、これが大変なプレッシャーなのです。

しかも人は、その場に合った仮面を被ります。会社にいるときは会社員の仮面を、家にいるときは家族の仮面を、上司に対するときは部下の仮面を、部下に対するときは上司の仮面を、親に対しては子の仮面を……と、無意識のうちに状況に応じて異なる仮面を被るのです。受け入れてもらおうと思っている集団と接するときは、その集団の構成員に気に入られそうな仮面を被ろうとします。礼儀正しく、明るく、親しみやすく……という自分を演じるのですが、これが面倒くさいのです。

このプレッシャーと面倒くささを克服して地域デビューするには、「誘因」が必要です。誘因とは、ある作用を引き起こす原因のことですが、地域デビューについて言えば、プレッシャーや面倒くささを乗り越えて出かけて行くだけの魅力、ということでしょう。では、何に魅力を感じて人は地域の活動に参加するのでしょうか？　地域で開催されるイベントや教室で参加者たちに動機をきくと、多いのが「認知症予防」や「健康のため」です。つまり、認知症予防になるとか、健康増進効果があるといったことに魅力を感じて参加した、と答える人が多いのです。

ところが一方では、認知症予防や健康増進をうたって自治体がイベントへの参加を呼びかけても、なかなか人が集まらないという現実があります。お年寄りに心身の状態をチェックするリストを配って回答してもらい、状態があまりよくない人たちを、認知機能や運動機能の低下を防ぐための催しに呼ぶことがあります。しかし、介護予防のために参加した方がいいと告げられても、参加する人が少ないのです。「まだそんな年じゃない」とか、「私は大丈夫」というのが、主な理由です。

明らかに何か手を打った方がいいのに参加を拒む人たちがいる一方で、さほど必要ではないのに参加する人たちがいる。この違いは、どこから来るのでしょうか？ 健康になりたい人となりたくない人とに、二極化しているのでしょうか？ そんなはずはありません。おそらく、地域の活動に参加している人たちにとって、認知症予防や健康増進は、表面的な理由なのです。あなたはどうでしょうか？ 認知症予防や健康増進のために、知らない人たちのなかに一人で出かけて行く気になるでしょうか？

これは、私がまだ学生だった頃のことですが、千葉県の浦安にある老人福祉センターで、お年寄りに話を聞いたことがあります。当時は東京ディズニーランドを作るために土地を造成している最中で、古くからの漁師町に、東京に通うサラリーマン世帯という新住民がどんどん流入している時期でした。

そんな新住民の一軒に、息子に呼び寄せられたお母さんがいました。息子は、一人暮らしになった母親を心配して呼び寄せたのですが、お母さんにとっては見知らぬ土地で友人知人もまったくいない上に、嫁姑の仲もうまくいきません。食事でさえ、「これはお母さんの分」とお嫁さんが作ったものを、二階の自室で一人で食べるような状態です。どうしようもなく、日がな一日窓から外を見ていたお母さんは、あることに気づきました。毎日同じ時刻に、家の前を通ってどこかに行く同年輩の女性がいるのです。

そこで、お母さんは意を決して、その女性が通る頃に玄関の前に出て、掃除をする振りをしながら挨拶をしました。すると、その女性が「最近引っ越してきたんでしょ」と、話しかけてきたのです。そして、「私はこれから老人福祉センターに行くんだけど、あんたも暇だったらおいでよ」と、誘ってくれたのです。それ以来、このお母さんは老人福祉センターに通うようになり、「お昼ご飯を作って持ち寄って、みんなでやりとりして食べたりするのがすごく楽しい。仲間になれた」と、言っていました。

要するに、「人に誘われる」ということが、すごく大事なのです。今は、どこにどんな会があるか、いつどんな催しがあるかは、自治体の広報やホームページを見ればわかります。それがどんな目的で開催されるのかもわかります。その内容に魅力を感じて、一人で飛び込んで行ける人はいいのです。しかし多くの人にとって、プレッシャーや面倒くささという抑制要因が、認知症予防や健康増進という促進要因を上回っているのです。

ところが、誰かに誘ってもらうと、事情が変わります。少なくとも誘ってくれた人には、自分という存在が受け入れられているわけで、その人と一緒に何かをすれば、そこが居場所になるとわかります。誘われた時点で、居場所ができる予感がします。これが、大きな魅力になるのです。もちろん、知人がいることでプレッシャーも小さくなります。「一緒に行く」と約束すれば、そこにコミットメントが働いて、少々気が重くても行かざるを得なくなる、という効果もあります。知らない人のなかに入って初めてのことをする際には、誰かに手を引いてもらったり、背中を押してもらったりすることで、行動を起こすきっかけができるのです。

では、どうすれば人に誘ってもらえるのでしょうか？　ひと言で言えば、自己開示をすることです。「することがない」とか「孤独だ」と人に言うのは、弱みを見せるようで嫌だと思うかもしれませんが、ここをクリアできないと次に進めません。挨拶や立ち話程度のことでも交わす相手がいたら、「暇なんだけど」とか「ボランティアをしてみたいんだけど」などと言ってみると、「じゃあ、今度一緒に行こう」とか「こういうのがあるよ」

と、話が広がります。

実際に、行きつけの床屋で、散髪するたびに主人と雑談していたら、飲みに誘われた人がいます。この人は、飲みに行った先で地元の商店主や開業医などと次々に知り合い、いつの間にか商店街の大売り出しを手伝うまでになっていたそうです。床屋に行ったり、近所の商店で買い物をしたりするだけでも、人と話す機会は作れます。心の垣根を低くして、人と雑談すること、自己開示することが、地域デビューへの第一歩です。

慣れてきたら受益側から運営側に回る。
自分だけの生きがいを追求しても、普遍的価値にはならない。

地域の活動には、町内会をはじめとする自治会、体育館や公民館などで開催されるイベントや教室、老人クラブや高齢者大学、社会福祉協議会やＮＰＯなどが行なうボランティア、シルバー人材センター、所によっては消防団など、さまざまなものがあります。「自分はこういうことをやりたい」という希望がある人は、市区町村のホームページで調べたり、役場の窓口で相談したりして、まずは一度見学してみるとよいでしょう。シルバー人材センターや有償ボランティアのように、多少のお金がもらえるものもあれば、無償のものも、無料のものも、参加費や受講料を払わなければならないものもありますから、この点もチェックが必要です。

どのような活動に参加するにしても、初めのうちは参加することに意義があります。たとえば高齢者大学は、「おもしろいと勧められた」「友だちができると言われた」「ぼけ防止になるから」などといった理由で参加する人が多いのですが、理由が何であれ、参加すればそれなりに驚きがあります。ワンダー・フルなのです。

しかも通ううちに、参加する理由が変わってきます。学ぶことそのものが、楽しくなるのです。言い換えれば、知的好奇心を満たす喜びに目覚めるということ。これは、自分のなかから湧き出る喜びや充実感という内的報酬が大きくなり、内発的動機づけが高まった状態です。いったんこの状態になると、もっと学びたい、もっといろんなことをしたいという好循環がもたらされますし、人によっては「生涯をかけてこれを追求したい」という本義が見つかることもあります。卒業したあとも学びたい、仲間と一緒に活動したいという人が多いことは、ＯＢ・ＯＧ会がいくつもあって、それぞれに活動していることからもわかります。

また、参加することに慣れてきたら、受益側から運営側に回ると、さらに内的報酬が大きくなり、幸福感が高まります。自分の知的好奇心を満たすだけのうちは、受講による楽しみという〝利益〟を受け取るだけの受益者ですが、利益を配分する側に回ることで、もっと大きな喜びを得られるのです。というのも、サポート（支援）は、どのようなサポートであれ、受ける側よりも提供する側の方が幸福感が高いという法則があるからです。介護やボランティアはもちろん、老人クラブや高齢者大学などでもそうなのです。

たとえば大阪の高齢者大学（大阪府高齢者大学校）は２００８年、橋下徹さんが府知事のときに財政援助を打ち切られました。いったんは存続も危ぶまれたわけですが、２０１５年現在、講座は全64科目、募集人員は２７００人に上るまでになっています。メンバーが自分たちの力でＮＰＯ法人を立ち上げ、府の関与がなくなったのを逆に活性化のチャンスととらえて、積極的に活動してきた結果です。

財政援助がなくなった分、運営費をどう捻出するか。受講料はいくらに設定すればいいのか。どこか補助金を出してくれる企業や商店はないか。受講料を払っても来てもらうには、講座の魅力を高めなければならないが、そのためには何をすればいいか。講師は誰に頼めばいいか。告知はどうすれば効果的か……。こういったことを全部自分たちで話し合い、実行しなければならないのですから、大変な苦労です。が、むしろ補助金が出ていたときよりも隆盛になったのは、自分たちの力で続けることにみんなが意義を見出して、大きなやりがいを持っているからです。

大変ではあっても、自分たちの苦労が高齢者の生きがい作りにつながり、社会の役に立つ。財政援助を打ち切った張本人の橋下さんからも、感謝の言葉が届く。このように活動への社会的評価がとても高く、メンバーの幸福感も高いのです。

地域活動に参加する場合、最終的に目指したいのは、この地点です。もちろん、自分なりのテーマを見つけたら、あとはそれを一人でコツコツと追求するのもいいでしょう。ただし、それだけで終わってしまってはつまりません。せっかく見つかった居場所を、また失ってしまいます。それに、単に自分だけが楽しめる、自分だけが充足できる生きがいは、それも自己実現の一つではありますが、社会における普遍的な価値にはなりません。

定年後の仕事では社会的評価が大事なように、地域活動にも、やはり社会的評価が大事だと私は思います。社会的評価が高いとは、多くの人がそこに普遍的な価値を認めているということであり、なんらかの形で人の役に立っているのです。

たとえば絵を描いたり音楽を演奏したりすることは、一人で追求しているだけならば、普遍的な価値を得ることはできません。けれども、それを発表することによって、人の心を動かすことができれば、社会における普遍的な価値になります。東日本大震災のあと、多くの芸術家は「こんなときに、こんなことをしていていいのだろうか」と悩んだと言います。しかし、彼らが被災地で展覧会や演奏会を開くことで、人々の力となることができたのは、私たちのよく知るところです。

人生100年を25年ずつ区切ると、最初の25年間は自分の力を蓄える時期です。次の25年間、25歳から50歳までは、仕事をして家庭を作って……といった、生活の基盤を作る時期、いわば準備期間です。そして人生の本義、自分が本当にやりたいことが見つかってくるのが50代以降です。自分が本当にやりたいことをするのが、50歳から75歳までの25年間なのです。

このとき、自分が人の役に立っている、社会の役に立っていると感じられるかどうかが、とても大事です。それをすると自分が楽しいからというのも大事なことですが、さらに他者の役に立っていると感じることができれば、幸福感が増すのです。そして、他者の役に立った経験が、75歳から100歳までの25年間を支えます。他者からのサポートが必要になったとき、他者の役に立った経験がある人は、幸せな気持ちを失わずにサポートを受け入れることができるのです。

地域貢献とは、間接互恵。

一般信頼が高まれば、安心して住める町になる。

社会的評価の高い地域活動と言ったとき、すぐに思い浮かぶのが「地域貢献」という言葉です。けれども、よく聞くのは「地域貢献って、何をすること？」という声です。あなたはどうでしょうか？　地域貢献とはどんなことをさすのか、すぐにイメージできるでしょうか？

地域貢献とは、「間接互恵関係によって、一般信頼を高めること」です。こう言われても何のことかわからないと思いますので、具体的に説明しましょう。

先ほど、「認知症予防や健康増進のためだと言って、自治体がイベントへの参加を呼びかけても、なかなか人が集まらない」と述べましたが、実は、このような反応には地域差があります。たとえば長野県佐久市では、このような呼びかけが比較的すんなりと受け入れられ、多くの人々がイベントに集まります。ところが、「俺はまだ大丈夫だ、よけいなことを言うな！」といった、強い反発を受ける地域もあります。チェックリストに基づいて、「あなたは記憶力が少し悪くなっているので、認知症予防をした方がいい」などと告げるのですが、それに対する反発がすごいのです。

なぜ、そのような違いがあるかというと、これが「一般信頼」の差です。人が抱く「信頼」には、「個別信頼」と「一般信頼」があり、個別信頼は特定の個人に対する信頼、一般信頼は他者一般に対する信頼です。長野県佐久市は、一般信頼が高い地域であるために、行政からの呼びかけがすんなりと受け入れられるのです。

なぜ、佐久は一般信頼が高いかというと、戦後間もなく佐久総合病院の院長に就任した医師の故・若月俊一さんが中心となって、地域医療と予防医療に取り組んできたためです。佐久はそれまで塩分の濃い食事が当たり前で、長寿どころではなかったのですが、医師や保健師が地域の人々の懐に飛び込み、粘り強く働きかけた結果、日本有数の長寿地域になったという歴史があります。医療者や行政職員が地域住民に働きかけ、それに応じたことで長寿が実現できたという事実があるために、他者を信用する気持ちが住民のなかに醸成されていて、地域全体の一般信頼が高いのです。

ところが、一般信頼の低い地域では、行政が呼びかけても住民は応じません。他者一般に対する信頼感が低く、「認知症だと思われたら、何をされるかわからない」などと思うために、かえって反発したりするのです。参加する場合には、自分が信頼する特定の個人、たとえば過去に「この先生の言うとおりにしたら、病気が治った」という経験があるために信用している医師に勧められてようやく、といった状態です。

ところで、みなさんは「割れ窓理論」と呼ばれる、環境犯罪学の有名な理論をご存知でしょうか？「建物の窓ガラスが割れているのを放置すると、誰も注意していないことの象徴になり、やがて他の窓ガラスもすべて割られる」というものです。ゴミのポイ捨てなどの軽犯罪を放置すると、いずれ凶悪犯罪を含む犯罪多発地域になってしまう、という意味ですが、割れ窓のある状態は、地域の一般信頼が低い状態です。

ときおり、「河川敷に不法投棄されたゴミを拾って、地域住民が花壇を作った」というようなニュースが流れることがありますが、これは割れ窓理論の応用で、一般信頼を高めるための行為です。「ゴミを捨ててはいけません」という看板をいくら立てても、そこにゴミがあればゴミを捨てる人は減りませんが、ゴミが片付けられて花が植えられていれば、ゴミを捨てる人はいなくなります。これが、割れ窓理論の応用です。

こっそりゴミを捨てるような人が大勢いる町は、「あの人も捨てているのかもしれない」「みんな陰で何をしているかわからない」「安心して暮らせない」と互いに思う、一般信頼の低い町です。それに対して、町をきれいにする人が大勢いる町は、「他人のことを考えてくれている人がいる」「みんなが町を大事にしている」「安心だ」とお互いに思う、一般信頼の高い町です。つまり、ゴミを拾って花を植えるのは、一般信頼の低い町を、一般信頼の高い町に変えるための行為なのです。

また、ゴミを拾って花を植えるのは、「間接互恵性」に基づく行為でもあります。ゴミを拾って花を植えても、地域住民が直接あなたに何かお返しをしてくれるわけではありません。私があなたに何かしてあげて、そのお返しにあなたが私に何かしてくれるのは「直接互恵性」、要するに「お互いさま」の行為です。それに対して、ゴミを拾って花を植えることは、直接互恵ではなく間接互恵です。

これは、自分のしたことがめぐりめぐって戻ってくるということで、日本に昔からある言葉で言えば、「情けは人の為ならず」。清掃活動を続けていたら、地域の一般信頼が高まり、住民が互いに助け合うようになって、年老いても安心して暮らせる町になった、といった状態です。

「間接互恵関係によって、一般信頼を高めること」、すなわち地域貢献とは、極言すれば「ゴミを拾って花を植えること」なのです。ゴミを拾って花を植えれば、地域の人々が自分たちの町を大切にするようになり、住民が互いに尊重し合うようになり、みんなが安心して暮らせる町になり、あなた自身も暮らしやすくなります。同様に、地域の子どもやお年寄りの世話をしたり、仕事で培った経験や技能を地域の人々のために生かしたりすれば、それが花を植える代わりになるのです。

これからは60代、70代の人たちが、町づくりの主役になっていく時代だと、私は思います。町づくりというと行政がすることのようなイメージがありますが、決してそうではありません。町づくりには、安全、安心、きれい、楽しい、幸せといったポジティブなキーワードが実感できることが大事であり、それを実現できるのが、智恵も経験も時間もある60代、70代の人たちなのです。

趣味の仲間を見つける。学生時代の交遊を復活させる

体験を共有し喜びを分かち合えば、楽しさが倍増。
趣味が生きがいになることもある。

小中学校や高校の頃、運動会やクラスマッチ、合唱コンクールなどがあって、放課後みんなで練習したり、勝った負けたとクラス中で一喜一憂したりした想い出が、みなさんあると思います。今でもそのときのことを思い出すと、ワクワクする気持ちが蘇って、楽しくなるのではないでしょうか。また、大人になってからも、オリンピックやサッカーのワールドカップ、世界陸上などで、みんなで応援して盛り上がり、気がついたら見知らぬ人と肩を抱き合っていた、などという経験がある人もいるでしょう。

まさに、「友情は喜びを二倍にし、悲しみを半分にする」とか、「分け合えば喜びは二倍に、悲しみは半分に」という状態で、このような経験は何ものにも代えがたい至福の瞬間、貴重な想い出です。ところが、年をとるにしたがって、このような経験をする機会が減ってしまいます。みなさんはいかがですか？　最近、誰かと一緒に、何かを喜び合ったこと

があるでしょうか？

　ワンダー・フルな生活を送るには、自分一人で楽しむだけでなく、誰かと一緒に楽しみ、喜び合うことが大切です。たとえば、走ることは一人でもできますが、仲間と一緒に走ったり競技会に参加したりすれば、走ることがより楽しくなります。写真も一人で撮れますが、仲間と一緒に撮影旅行に行ったり、展覧会を開いたりすれば、さらに楽しくなります。他者と体験を共有し、喜びを分かち合えば、楽しさは倍増するのです。

　ところで、私たちは「生きがいを見つけた」とか、「趣味が生きがい」「家族が生きがい」などと口にしますが、生きがいとはいったい何でしょうか？　孫の成長が生きがいの人もいれば、旅行が生きがいの人も、ボランティア活動が生きがいの人もいれば、お金儲けが生きがいの人もいるでしょう。100人いれば100通りの生きがいがあると言っても過言ではありませんが、大きく分ければ、生きがいには「自己実現的生きがい」と「対人関係的生きがい」があります。

　自己実現的生きがいとは、仕事や学習、趣味、ボランティアなど、自分の価値観に基づいて、何かを個人的に極めることや、その過程をさします。それに対して対人関係的生きがいは、家族との生活や、子や孫の成長、友人とのつきあいなど、他者との関係性に生きがいを感じることをさします。そして一般的には、高齢になると自己実現的生きがいよりも対人関係的生きがいを、自分の生きがいとする人が多くなります。

趣味を通じての仲間作りは、いわば自己実現的生きがいと対人関係的生きがいの両方を一度に手に入れることであり、他者と体験を共有し、喜びを分かち合う環境を手に入れることでもあります。ワンダー・フルな生活を送るには、ぜひ趣味の仲間を見つけたいところですが、では、これから趣味を始めたいという人は、どうすればよいのでしょうか？

趣味は、やってみないとわからないところがありますから、とにかくいろいろな人に声をかけておくことです。さほど親しくない人にでも、「趣味は何ですか？」という質問ならばしやすいので、とにかく聞いてみるのです。すると、「山歩きです」とか「お城めぐりです」とか、「囲碁です」とか「カラオケです」とか、けっこうみなさん、いろいろな趣味を持っているものです。

趣味の話は誰でも喜んでしてくれますから、話を聞いて、「一緒に連れて行ってくれないか」と、頼んでみましょう。「趣味を持ちたいと思っているけれど、何が自分に向いているかわからないから、一度やってみたい」と言っておけば、「自分には合わない」と思ったときも、断りやすいと思います。たいていの人は、「そういうことなら、一度やってみれば」と、誘ってくれるはずです。

　かく言う私も、「もう少し時間ができたら、何か趣味を持ちたい」と言ったら、山歩きに誘ってくれた人と、ゴルフに誘ってくれた人がいました。二人とも、「靴だけ用意すれば、道具は貸すから」と、親切に言ってくれています。残念ながらまだ実現していないのですが、必ず時間を作って、どちらも近いうちに連れて行ってもらおうと思っています。

同世代の仲間は「心の居場所」。
友人との再会がワンダー・フルな時間を作る。

　60歳前後から、学生時代の仲間との交遊が復活した、という人がたくさんいます。仕事も以前ほど忙しくなくなり、子どもも手を離れて、なんとなく来し方行く末を考えているときに、同窓会があった。参加したら、久しぶりに会った友人たちと想い出話に花が咲いて、その後もときどき会うようになった、といったところでしょうか。

　学生時代の仲間と会うのが楽しい最大の理由は、想い出を共有しているからですが、人は想い出のなかでも特に、青春時代のことをとてもたくさん思い出すのです。あなたも、

40代のことなどほとんど思い出さないのに、青春時代のことはたびたび思い出すのではないでしょうか。この、青春時代の想い出を突出してたくさん思い出す現象を、「レミニッセンス・バンプ」と呼びます。

なぜ、青春時代の想い出をたくさん思い出すかというと、10代後半から30代前半の青春時代には、強い感情をともなう出来事が多いからです。進学したり、就職したり、親元を離れて一人暮らしを始めたり、友だちと喧嘩をしたり、親友になったり、恋愛をしたり、結婚したりと、心を強く揺さぶられ、記憶にしっかり刻み込まれる出来事が、たくさんあるのです。

さらに、青春時代は人生でもっとも自由、かつ可能性に満ちた時代です。負うべき責任もなく、しがらみもなく、意気揚々と、自分の未来は無限だと信じられた頃。その、今は失われてしまった自由と可能性に満ちた時代に人はノスタルジーを感じ、その時代を好んで思い出すのです。つまり、青春時代を一緒に過ごした友人たちとは、共有できる想い出が突出して多く、しかも甘く切なくほろ苦いノスタルジーをかき立てられるために、会うのが楽しいのです。別の言い方をすれば、これは「同世代の仲間という心の居場所」がある、ということです。

私はよく学生たちに、「年をとって思い出すのは、君たちが今経験していることだからね。今を充実させないと、充実した人生を送れないんだよ」と言います。これは、いろいろなことにチャレンジし、新鮮な驚きを感じてほしいと思って言うのですが、逆もまた真なりです。年をとっても、青春時代の出来事を思い出すことで、私たちは新鮮な感情を蘇らせることができます。友だちと会ったり、昔みんなで行った場所を訪ねたりすることで、ワンダー・フルな時間を持つことができるのです。

さらに、年をとってからでも、心を揺さぶられる体験をすれば、それが記憶に強く刻み込まれ、もっと年をとってからの想い出になります。体の自由が利かなくなったとき、人を空虚さから救うのは想い出であり、想い出となるのはワンダー・フルな体験です。

新たな想い出を作るためにも、昔の友人たちと疎遠になってしまっている人は、同窓会のお知らせが来たら、面倒くさがらずに出席してみるといいのではないでしょうか。飲み会の誘いがあったら、それにも行ってみる。そして、自己開示をする。友人たちと想い出話を楽しむとともに、今の自分が興味を持っていることや、してみたいことを話しておくと、そこからさらに世界が広がり、新しい想い出が増えていくはずです。

ところで、近頃はＬＩＮＥ（ライン）やFacebook（フェイスブック）などのＳＮＳ（ソーシャル・ネットワーキング・サービス）を使って、友人や子どもたち家族と交流する高齢者が増えています。私のゼミの学生も、「祖父に、友だちとフェイスブックをしたいから教えてほしいと頼まれて、教えた」と言っていました。彼は実家から離れて暮らしているため、両親と兄弟、祖父母とラインもしています。

孫が祖父母にＳＮＳの使い方を教えたり、それらを通じて離れて暮らす家族が交流したりするのは、とてもよいことだと思います。高齢者同士がＳＮＳによって交流を深めるのも、よいことだと思います。実際に、趣味の会や同窓会用のＳＮＳ使用は、中高年の間で爆発的に増えているようです。ただし、そこには大きな危険もあります。デジタルリテラシー（デジタル環境や情報を正しく利用する能力）が低いために生じる個人情報の流出や、それによる詐欺被害などです。

私のゼミの学生は、友人に指摘されて、自分の写真がＳＮＳ上に流布していることに気がついたそうです。祖父が、誰でも見られる形式で、孫の写真をフェイスブックにアップしてしまったのです。フェイスブックは、実名登録が原則です。そのため、出身地や居住地、生年月日などから個人を特定することができますし、他者がその人になりすますこともできます。

ラインでは、「コンビニで電子マネーのプリペイドカードを買うのを手伝ってくれ。買ったら、プリペイドカードの識別番号の写真を送信してくれ」というメッセージが届き、信じた人が被害に遭うという詐欺事件が起こり、問題になりました。友人や同僚のアカウントが他人に乗っ取られているのに気づかず、メッセージを友人や同僚本人からの依頼だと思ってしまったのです。電子マネーのプリペイドカードは、識別番号さえわかっていれば使うことができるため、詐欺だと気づいたときは、すでに使われてしまった後でした。

アカウントの乗っ取りによる詐欺は、パスワードの変更促進や暗証番号の設定義務化などによって収束しつつあるようですが、新たな手口が出てこないとはかぎりません。また、今のところ詐欺被害は若者に多いようですが、高齢者の利用が増えれば、高齢者の被害が増えることは容易に想像がつきます。

SNSは、顔が見えず声も聞こえないため、他者になりすますのが容易です。自分だけプライバシー設定を厳重にしても、〝友だち〟がプライバシーに無頓着だと、他から情報がもれてしまうこともあります。SNSはこの点に十分注意して、仲間全員が自衛の意識を強く持って利用する必要があるのです。

4

ライフイベント「親の死」

親の老いに寄り添う

老いた心身を理解するのは難しい。
自分の老いを自覚することで、親の老いに共感する。

60代になると、親は80歳を超えます。親は子に何かしてくれる存在だったのに、いつの間にかめっきり衰えて、この頃になると自分のことさえ満足にできないような状態です。あなたにしてみれば、親が老いているのはわかっているつもりでも、「あれをしてくれ、これをしてくれ」といろいろな要求をされるため、「うるさいなあ」とか「いい加減にしてくれ」と、心のなかで思ったり、ときには口に出してしまったりすることも、あるかもしれません。

あるいは、親が怪しげな訪問販売やオレオレ詐欺に引っかかりそうになったり、引っかかったりしてしまった人も、いるかもしれません。そんなとき、「何度も注意しろって言ったのに！」と、心配を通り越して怒りがわいたり、がっかりしたりするとともに、疑問に思うのではないでしょうか。あれほどテレビや新聞で注意をうながされ、手口も公開されているのに、なぜ引っかかるのだろうか、と。

子どもには、親が若く元気だった頃のイメージがありますから、親の心身の衰えを、なかなか本当には理解できないのです。親が認知症を発症し、徘徊するなど明らかにおかしな言動をとっているのに、子どもは気づいていないことすらあります。あるいはまた、気づいてはいても、親が認知症であるという事実を受け入れられない人もいます。

親が依存的になったり、詐欺に引っかかったりするのは、老化とともに心身が衰えたせいです。あれをしてくれ、これをしてくれと言うのは、体が自由に動かないことも原因の一つですが、実は脳の衰えにも関係しています。年をとると、脳の情報処理能力が低下します。そのため、たくさんの情報を一度に処理することができなくなるのです。

人が行動するときは、まず計画を立て、どのように行なうかをシミュレーションし、行動を開始し、遂行し、完了するという過程を経ますが、この過程には非常に多くの情報処理がともないます。親は、無意識のうちにそれが自分には難しいと感じ、あなたに頼るのです。親にとっては、自分の能力の衰えをカバーするために自然にとる行為なのですが、あなたには「わがまま」とか「自分勝手」と映ってしまうわけです。

オレオレ詐欺に引っかかるのも、やはり脳の機能が低下したことに関連しています。私たちは通常、人と会話する際には、頭に浮かんだことをすべてそのまま言うわけではありません。無意識のうちに相手の意図や感情を読み取り、言ってよいことかどうかを判断してから口に出します。いわば、瞬時に〝話の行間〟を読んでいるのです。

ところが年をとると、これが苦手になります。「社会的認知」と言いますが、社会性を背景にした認知能力が低下して、相手の意図が読めなくなるのです。そのため的確な状況判断ができず、相手の言葉そのもの、言葉の表面的な意味に反応してしまいます。たとえば、「会社のお金を使い込んだ。誰にも言わずに300万円用意してほしい」と電話で言われたら、私たちにはそれだけで「オレオレ詐欺だ」とわかりますが、年をとるとそれがわからなくなります。額面通りに言葉を受け取って、「どうしてそんなことをしたの！」と驚いたり、「お母さんがなんとかするから」と言ったり、「本当なんだね？」と相手に念を押したりしてしまうのです。

もちろん、相手は最初から「だまそう」と思っているわけで、非常に巧妙にしかけてきますから、引っかかるのがむしろ当たり前。親を責めてはいけません。社会的認知能力の低下した親に「自分で注意しろ」と言うのがそもそも無理なのであって、周囲の人が対策を立てるのが先決です。たとえば、「親の家の電話はいつも留守電にしておいて、いったん伝言を聞いてからかけ直すようにさせる」といった方法も考えられますが、これでは緊急時に困りますし、親がそのことを忘れて電話に出てしまえば意味がありません。なかなか効果的な対策がないのが現状です。

認知機能の低下は、年をとれば多かれ少なかれ誰にでも起こります。厚生労働省は、65歳以上の人のうち、年齢相応よりもやや認知機能が低下した軽度認知障害（ＭＣＩ）の人たちが約４００万人、認知症の人が約４６２万人と推計しています（２０１２年）。特に認知症の人は、74歳までは10％以下ですが、85歳以上になると40％を超えると見られています。75歳を超えると、一気に増えるのです。

親の老いをなかなか認められない一方で、子どもは親が始終何かを探していたり、同じことを繰り返し言ったりするようになると、心配になります。それで、「また忘れたの？」とか、「さっき言ったじゃないか」「全然覚えていないんだから」などと、そのたびに指摘してしまいます。そして、近年増えた「物忘れ外来」などに連れて行って、認知症かどうかを診断してもらおうとします。

一方、親は「まだ大丈夫だ」と否定しますが、自分は記憶力が悪くなっているのではないかと、内心心配しています。物忘れが増えてきたという自覚がある人と、忘れたことを忘れてしまって自覚がない人といますが、どちらにせよ家族に繰り返し指摘されるために、内心では不安でしかたないのです。

そこへ、物忘れ外来でＭＣＩと言われたら、どうでしょうか？　ＭＣＩと言われても、全員が認知症を発症するわけではないのですが、「あなたは軽度認知障害です」と言われた人は、「自分は大丈夫」とは思いません。「もうすぐ認知症になるんだ」と思って落ち込んでしまったり、なかには鬱状態になってしまう人もいます。本人には結果を知らせないようにしても、記憶検査や認知症検査の質問にうまく答えられなかったことは自分でわかりますから、反応は同様です。

認知症の場合、アリセプトなどの薬を早めに投与することで、なかには進行が遅くなったり、記憶障害が改善したりする人もいます。そのような事実がある以上、子どもとしては早めに受診させたいと思うのも無理はありません。しかし今は、ＭＣＩと言われたり認知症と診断されたりして、落ち込んでしまった本人や家族の心をケアする仕組みがありません。医師も看護師も介護ヘルパーも、心のケアまではしてくれないのです。したがって、親を物忘れ外来などに連れて行く場合は、結果が出た後のケアをどうするか、家族であらかじめ考えておく必要があります。

そもそも、ＭＣＩと言われても、全員が認知症になるわけではありません。ＭＣＩと言われた人のうち、70％は認知機能が徐々に低下したけれど、30％は低下しなかったという調査結果もあります。一方、ＭＣＩが認知症に進んでしまった場合でも、今ある薬で認知症を治すことはできませんし、進行を遅らせる効果が全員にあるわけでもありません。早めに医者に連れて行くことが、必ずしもよいとは言えないところにも、認知症の難しさがあります。

このような状況を踏まえて、厚生労働省は２０１３年から開始した「認知症施策推進５か年計画（オレンジプラン）」で、ＭＣＩや早期認知症の人たちを視野に入れたモデル事業を行なっています。「認知症初期集中支援チーム」を設置し、認知症が疑われる段階から、医療・介護の専門家たちが本人や家族を訪問して支援するというもので、モデル事業の状況を見て、全国普及のための制度化が検討されることになっています。制度化されれば、認知症初期集中支援チームが地域包括支援センターなどに配置され、本人や家族の精神的ケアも担います。

さらに、高齢になると「老年症候群」と呼ばれるさまざまな症状や病気の悪循環が起こってきます。認知症、鬱、骨粗鬆症、尿失禁、低栄養、転倒などがそれで、要するに老いるとは、このような心身の状態につきあっていくことなのです。

親は、さまざまな症状が出たり病気になったりして、世話を受けるようになると、子どもに遠慮します。子どもが小さい頃は、親が子にああしろ、こうしろと言い、子は親の言うことに従わざるを得ません。親の勢力が子の勢力よりも強いわけですが、親が老いると、親と子の勢力関係が逆転します。子どもの勢力が強いために、親は子どもの言うことに従わざるを得ないのですが、このことに気づいている人は案外少ないかもしれません。なぜならば、子どもはよかれと思って、いろいろなことを言ったりやったりしているからです。しかし、親は弱気になっていますから、本当は嫌なのに嫌だと言えないでいることがあるのです。

そんな親の気持ちを理解し、親の課題を自分の課題として共感を持って考える。難しいことではありますが、そのような姿勢が老いた親とのつきあいには大切です。ただ、60歳を過ぎると、自分自身も若い頃と同じではありません。白髪になったり、老眼になったり、疲れが抜けなくなったり、腰痛になったりします。自分の老いが、親の老いを理解する手がかりになります。自分の老いを自覚することは、自分にとっては寂しいことですが、他方では親の老いを理解し、共感を持って親や親の世代の人たちを見ることを可能にします。老いを自覚することで、他者に優しくなれるのです。

「家族に介護された方が幸せ」という家族介護の神話に潜む、ケアとコントロールの落とし穴。

あなたは、親と同居していますか？　それとも別居していますか？　あなたが既婚者であれば、おそらく別居だろうと思います。というのも、子ども夫婦と同居している親は、1割強しかいないからです。

一昔前までは、子どもと同居している親が多かったのですが、今はそうではありません。子どもと同居している高齢者（65歳以上の人）は、1986年には64・3％でしたが、2013年には40・0％にまで減少しているのです（平成25年「国民生活基礎調査」）。特に、子ども夫婦と同居している人は46・7％から13・9％へと、3分の1以下に激減していますす（独身の子との同居は、17・6％から26・1％に増加）。

独身の子と親の同居が増加しているのは、生涯独身の子が増えていることや、非正規雇用で経済的に不安定な子が増えていることと関連していますが、結婚した子に関して言えば、親との同居は一貫して減り続けています。

これは、子ども夫婦が親との同居を望まなくなっただけでなく、親としても子ども夫婦と同居するよりは、自分たちだけで暮らした方がいいと思うようになったからです。その背景には、子ども夫婦に気兼ねしながら暮らすのは嫌だという気持ちと、子ども夫婦に迷惑をかけたくないという気持ちがあります。そのため、要介護になっても自分たちでなんとかしようとする親が多いのです。

実際に、要介護になっても最期まで、住み慣れた家で自分たちだけで暮らす親もいますし、自分たちで決めて有料老人ホームなどに入る親もいます。しかしなかには、老親だけの生活はもう無理なのに、「まだ大丈夫」と言っているような場合もあります。親は徐々に老いてきていますから、端から見たら限界でも、自分たちはそれに気づいていないことがあるのです。なかには自分が認知症だという病識がなく、子どもやヘルパーが来たことも忘れてしまうために、一人暮らしができなくなっていることがわからない人もいます。そのような状態では、いくら親が大丈夫と言っても、そのままにしておくことはできません。

介護保険をはじめとするさまざまなサービスを使い、子どもが親の家に通うなどしても無理なときは、親を施設に入居させるか、同居するかを考えなければならないわけです。もともと同居している人も、身の回りのことを親が自分でできなくなれば、このまま自宅で看《み》るか、施設に入居させるかの選択を迫られます。そのとき、どう考えればよいのでしょうか?

親を施設に入れる場合、必ずと言っていいほど、子どもはアンビヴァレントな感情にとらわれます。自分が看てやれないことへの負い目と、負担が減ることへの安堵、寂しさと解放感など、相反する感情にとらわれて悩むのです。

現実には、施設に入った方が、親は長生きします。栄養管理もしてもらえますし、清潔も保ってもらえますし、具合が悪ければすぐに気づいてももらえます。それはわかっていても、「親はいいよって言ったけれど、本当は施設に入るのはイヤなんだろうな」などと考えてしまうのです。しかも、なかには親族から「施設に入れるなんて、とんでもない。親を捨てる気か！」などと横槍を入れられて、よけいに葛藤が強まってしまうこともあります。離れて暮らしている親族は、介護の現実がわかっていないために、自分の思いだけでものを言ってしまいがちなのです。

親族も、親を心配するあまりそのようなことを言うのですから、責めることはできません。しかし、「離れて暮らしている親族がいちばんやっかいだ」というのは、介護関係者に共通した認識です。たとえば、認知症がある程度進んでいても、客が来るとそのときだけしゃっきりする人もいます。その状態だけを見て普段の様子を知らないために、「なんともないのに、どうして施設に入れるんだ！」と、怒ったりするのです。もしも、あなたが離れて暮らしている親族ならば、親の気持ちだけでなく、親を施設に入れる決断をした子どもの気持ちにも目を向けてみてください。

では、同居して親を介護する場合はどうでしょうか？　一般的には、「同居して親を看る」というと、「親孝行だね」とか「親御さんは幸せだ」と言われることが多いため、施設に入れる場合のような葛藤は感じないかもしれません。ただ、同居には同居の葛藤があります。

同居には、子どもの家に親を呼び寄せる場合と、子どもが親の家に行く場合がありますが、いずれにしても親が弱ってからの同居ですから、子どもの勢力が圧倒的に強い状態です。親は子どもに保護してもらう立場であり、子どもの言うことには逆らえないのです。さらに、親は子どもに介護してもらっても、その〝借り〟を返すことができません。

人は、家族や友人同士のような親密な関係においては、力関係に不均衡があると苦痛を感じます。たとえば友人から借金をすると、なんとなく後ろめたいような、落ち着かない気分になるはずです。それは、友人との力関係が不均衡になり、金銭的な負債だけでなく、「心理的な負債感」も負ってしまうからです。そのため、借金を返しただけでは、二人の力関係はもとに戻りません。お礼の品をお金と一緒に渡したりすることで、ようやく負債感が帳消しになり、力関係が均衡するのです。

親子の間でも、同様のことが起こります。人に何かしてもらうのは、相手に借りを作るのと同じですから、介護されるとは、子どもに借りを作ることなのです。そのため、介護されると親は心理的な負債感を負い、それを解消したいと思います。ところが、心身の弱った親は、子どもに何かしてやることができません。自分が死んでからなら、財産を残すといったことができるかもしれませんが、今は何もできないのです。

心理的な負債感を解消できない親は、子どもに従うしかないと感じ、嫌だと思ってもそれを口にできず、自分の気持ちを抑えつけます。ただでさえ子どもの勢力が強い状態での同居であり、子どもには逆らえないと感じていたところに、心理的な負債感が加わるわけです。こうなると親は、介護されることに苦痛を覚え、介護すなわち「ケア」を、自分の自由を奪う「コントロール」と感じるようになってしまいます。

一方、子どもは、親からのお返しが何もないために、しだいに自分の「ケア」が報われないと感じるようになります。すると、自分の労力や時間を介護に費やすことが親からの束縛であり、親に「コントロール」されているように思えてきて、苦痛を覚えるようになります。しかし、それを口に出すことはできません。「介護は家族にされてこそ幸せ」「親や配偶者の介護をするのは愛情の現れ」「親や配偶者の介護をつらいと感じてはならない」といった〝家族介護の神話〟があるからです。

このような家族介護の神話は、一見本当のことのように思えますし、それを信じている人も多いのですが、神話はあくまでも神話であり、現実ではありません。実際には、家族介護には「ケアがコントロールに変わる」という落とし穴があり、相手を思いやる気持ちから始まったことが苦痛になるという、アンビヴァレントな状態に陥ってしまうのです。そして葛藤を抱えたまま、介護する人もされる人も「嫌だ」とか「つらい」と言えずに我慢し続けていると、その先にあるのは悲劇です。

もちろん、親を自分で看たいと思うのは自然な気持ちですし、それを否定するわけではありません。ただ、家族介護の神話にとらわれて、無理をしてはいけないということです。同居して親を介護する場合には、自分で何もかもやろうとせず、介護保険や自治体独自のサービス、ボランティアなど、さまざまな外の力を利用して〝開かれた介護〟を心がけてください。

施設入居にも同居にもプラスとマイナスがあり、一概に「施設介護よりも家族介護がいい」とか「家族介護よりも施設介護がいい」と言うことはできません。ただ、実際には、入居費用の安い特別養護老人ホームには要介護3以上の人しか入れず、待機者は全国で52万人もいます。グループホームや有料老人ホームなどの、ある程度お金のかかる施設が無理ならば、家で看るしかないという現実があります。しかも政府は、施設から在宅へという流れを推進しています。つまり、安い費用で入れる施設が今後増える望みは薄いのです。

このような状況を乗り切るには、親や自分たちの住む地域にどのような介護資源があるか、公的なものもそうでないものも含めて、あらかじめ調べておくことが重要です。施設に関しても、さまざまなタイプのものがありますから、本や雑誌、インターネットなどで最新の情報を調べておくとよいでしょう。

人はだいたい寿命の約一割、亡くなる前の10年程度は多かれ少なかれ介護が必要になります。今は元気な親でも、手助けが必要な日は必ず来るのです。

親が終末期を迎えたとき、大事なのは敬意。敬意をもって、親の尊厳を読み取る。

親が終末期を迎えたとき、子どもがさまざまな判断を迫られることがあります。たとえば、口から食べられなくなったとき、胃瘻《いろう》を造設するかどうか。呼吸困難に陥ったら、気管切開して人工呼吸器をつけるかどうか。腎不全の場合、人工透析をずっと続けるかどうか。心停止したら、心肺蘇生法を試みるかどうか……。意識がはっきりしていなかったり、認知症があったりして、親が自分で意思表示できないとき、医師は配偶者や子どもに決断を迫るのです。

相手がまだ若ければ、延命治療を受けさせることに迷いはないでしょう。しかし、80歳、90歳を超えた親に、どこまでの延命治療を望むのか？　体を切り、チューブをつけることに、どれだけの意味があるのか？　悩む人が多いと思います。

私たちは一般的に、「80歳、90歳を超えるほど高齢になったら、本人としても体を切ってチューブを入れたりしたくないだろう」と思いがちです。親自身が、「回復する見込みもないのに、胃瘻を造って生きながらえてもしかたがない。口から食べられなくなったら死にたい」と言うこともあります。しかし、それは本心でしょうか？

もしかしたら親は、本心では「胃瘻でも気管切開でもなんでもして、生きられるだけ生きたい」と思っているかもしれません。日本人の死生観が変わってきて、今は「あの世」という観念を抱いている人が少ないため、「死んだら終わりだ。とにかく生きたい」と思う人が増えているのではないか、と私は思っています。あるいは、「90歳を過ぎているんだから、もう充分に生きた。大往生だから静かに死なせてやりたい」と家族は思っても、本人は「もうちょっとで100歳だから、それまでは生きたい」と思っているかもしれません。

　たとえ本人が、意識がはっきりしているときに「延命治療はしなくていい」と言っていたとしても、それが本心かどうかはわかりません。家族に気兼ねしてそう言ったのかもしれませんし、認知症の場合は鬱的になることがありますから、それで「早く死にたい」と思ったのかもしれません。

　もちろん、家族が「もっと生きてほしい」と思っても、本人は「早く楽になりたい」とか「もう死にたい」と思っている場合もあるでしょう。認知症の人は、質問をすると、相手に合わせて「そうそう」と答える傾向が、かなり早期からあります。そのため、「もうダメだというとき、延命治療を受けますか？」ときくと、「そうします」と答え、「受けないようにしますか？」ときくと「そうします」と答える、といったことも起こります。延命治療をどうするかは、非常に難しい問題なのです。

　無駄な延命治療をせず、自分の死を自分で決めるという「尊厳死」は、不治かつ末期の患者に対して生まれた考え方です。尊厳死はがん末期などの、自分の意思で自分の死を決められる人のものだったのです。ところが高齢化が進むにつれて、不治かつ末期であり、認知症などで意思表示ができない人が増えてきました。そのため、配偶者や子どもが代わりに決断しなければならないケースが増えたのです。

では、高齢の親を持つ私たちは、どうすればよいのでしょうか？　可能であれば、親がまだ元気なうちに、ある程度の意思を聞いておくことです。それが本心とはかぎりませんし、本心であっても元気なときと弱ってからでは親の考えも違うかもしれません。しかし、たとえそうであっても、何も聞いていないよりは聞いておいた方がいいのです。親の希望を聞いてあれば、多少なりとも判断のよすがになるからです。

実際には、親が自分で判断できない場合、延命治療をどうするかは、そのとき医師と家族が話し合って決めるしかありません。終末期の状態は、病気の有無や治療法、栄養状態や意識のレベルなどによって、あるいはそこが病院なのか介護施設なのか自宅なのかによっても、一人ひとり異なります。その場にならなければ、なんとも言えないのです。

ただ、どんな状態であっても、一つだけ共通して言えることがあります。それは、判断する際に重要なのは、親への敬意だということです。

たとえば、胃瘻を造設するかどうかを決めるとき。病院によっては、胃瘻造設が入院の条件だというところもありますし、逆に施設では、胃瘻があると看られないというところもあります。１８０度逆のことを言われて、心が千々に乱れてしまうのですが、大切なのは「親の尊厳を、あなたがどう読み取るか」です。すなわち、親を「かけがえのない一個の人間と認め、敬意をもってその人生や死に思いを馳せる」ことで、自ずとどうするべきかがわかる、ということです。

結果は、人それぞれです。胃瘻を造設することにしても、しないことにしてもいいのです。それが敬意をもって親の生と死を見つめた結果、親の尊厳を読み取った結果であれば、親は幸せな終末期を送ることができるはずです。

死別によって、絆が断ち切られるわけではない。
親が生きたことの意味を再構成し、絆を持ち続ける。

いざ親が亡くなると、親戚や友人知人への連絡、お通夜や葬儀の準備、各種届け出など、葬儀社が手伝ってくれるとは言え、一気にあわただしくなります。しみじみと悲しくなるのは、初七日を終えてやっと一息ついた、そんなときかもしれません。

親の死は、アメリカの心理学者ホームズとレイの「社会再適応尺度」によれば、63点です。社会再適応尺度とは、簡単に言えば、ライフイベントごとのストレス度を数値化したもので、ストレス度が最高点（100点）のライフイベントは、配偶者の死です。これは1960年代のアメリカの研究ですから、現在の日本とは状況が違いますし、当然個人差もありますが、ある程度の参考にはなります。「拘留・刑務所入り」が同じ63点だと聞けば、親の死がかなりのストレスだということがわかるでしょう。

一昔前までは、「いつまでも亡くなった人のことを思っていてはいけない」と言われたものですが、実は、そうではないことが近年わかってきました。「コンティニューイング・ボンド」と言いますが、絆は死によって断ち切られるのではなく、継続していくという考え方で、健全な絆を持ち続けることによって悲しみから早く回復でき、残された人の未来展望がよくなるのです。

たとえば、妻の父が亡くなったとき、私は形見分けでコートやジャケットをもらいました。そのコートやジャケットを着るたびに、「おしゃれな人だったなあ」とか、「これを着て外国に行ったと言っていたな」などと、懐かしく思い出します。そして、義父の人生に思いを馳せます。亡くなった人との絆を持ち続けるとは、その人が心のなかに生き続けることなのです。

ところで、みなさんは、ぬいぐるみを旅させる旅行社をご存知でしょうか？　客から送られてきたぬいぐるみを連れて旅をし、車窓から風景を見ているところ、名所観光しているところ、みんなでご飯を食べているところなど、さまざまなシーンを撮影してブログにアップ。帰ったあとは、ぬいぐるみに写真の紙焼きとCDを付けて客に返送する、というものです。旅をするぬいぐるみは、小さいときから大切にしてきた〝親友〟のこともあれば、病気などで自由に動けない自分の分身のことも、亡くなった子どもや親の代わりのこともあります。

この旅行社は女性が一人でやっているらしいのですが、仕事として成り立っていて、外国からもオファーがあるというのをテレビで見て、私は納得しました。こういうサービスは、これからますます増えるでしょう。というのも、これもコンティニューイング・ボンドの一種であり、しかもネガティブな思いをポジティブな思いに変えてくれるサービスだからです。

親を亡くしたとき、子どもの心には、多かれ少なかれ後悔が残ります。「もっと優しくすればよかった」「もっとそばにいてやればよかった」「温泉に行きたいと言っていたのに、連れて行けなかった」などです。すでに親は亡くなっていて、思いを果たすことはできません。しかし、ぬいぐるみを親に見立て、旅に連れて行ってもらうことで、思いを果たせたような気持ちになるのです。

ぬいぐるみの旅行より時間はかかりますが、心のなかに親との絆を持ち続け、対話を続けることができれば、やがて自分と親との関係が再構成され、ネガティブな思いはポジティブな思いへと昇華されていきます。と同時に、亡くなった親をはじめとする〝見えない人たち〟が心のなかに生き続けることで、人は孤独でなくなります。

実は、見えない人たちが心のなかに生き続けることは、自分が90歳、100歳という高齢になったとき、とても重要な意味を持ちます。身体の自由が利かなくなったとき、最後に残るのは心の自由であり、話し相手は心のなかに住む見えない人たちだからです。

自分の終末期を考える

本当の終活とは、自分なりの死生観を持つこと。

死生観を持って、後半生を生きる。

みなさんは、いわゆる〝終活〟をしたことがありますか? 親が亡くなると、「次は自分の番だ」と思うために、突然、終活に励み出す人もいるようです。一般的には、終活というと、自分の葬儀やお墓をどうするか決めることだと思われていて、死に装束を着て棺に入ってみたり、樹木葬の墓地を見学したり、海洋散骨の模擬体験をしたり、といったことが行なわれています。

しかしこれは、私たちが太陽を直視できないように自分の死を直視できないために、太陽の周囲を回る惑星と同様、死の周辺をグルグル回っているだけのような気がします。本当の終活とは、自分なりの死生観を持つことだと、私は思うのです。死生観とは、「死と生についての考え方」「生き方、死に方についての考え方」ですが、私たちがなぜ死生観を持てないかというと、長い間日本は、死の見えない国だったからです。

日本では、第二次世界大戦で軍人・民間人合わせて300万人前後が亡くなったとされていますが、戦後の混乱期を過ぎると、死者の少ない時代がやってきます。寿命が年々延び、高度経済成長期には、死者数は年間60万人から70万人台前半を保っていたのです。それが1985（昭和60）年以降は上昇に転じ、ここ3年間は120万人台。2013年には、約127万5000人に達しました（「平成25年　人口動態統計の年間推移」厚生労働省）。これは人口の約1％に相当します。

つまり、今、日本では100人に1人が亡くなっているわけで、ここへ来て再び日本は、死が身近な国になったのです。ところが、長い間死者数が少なかった上に、亡くなる場所が家から病院へと移ったために、死に慣れていなかった私たちは、死生観を持たないまま死に接しなければならなくなり、あわてふためいているのです。その結果が、なんだかお祭り騒ぎのような終活だといったら、怒られるでしょうか。もちろん、死から目を背け続けるよりは、はるかに大切なことではありますが……。

死生観を持つのは、容易なことではないと思います。一時期かなり流行ったエンディングノートが、この頃まったく下火になったのも、書くのが難しいからだと思います。貯金はどこにあるとか、葬儀には誰を呼ぶとか、墓はどうするとかは書けても、自分が大事にしていることとか、延命治療はどうするかといったことが、書けないのです。なぜならば、それは死生観がないと書けない項目だからです。

自分の死を直視することは、人間にはできないのかもしれません。けれども、見ようと努力することで、死生観を持つことはできます。親の死を機会に、自分はどう生き、どう死にたいのかを、考え始めるとよいのではないでしょうか。

5 ライフイベント「配偶者または自分の大病」

配偶者が大病をした

夫婦仲がいい人は、リハビリがうまくいく。
病気への理解と支え合いが大事。

私がまだ大学院生だったときのことです。ある失語症の患者のリハビリを担当したことがありました。
その人は40代の男性でしたが、階段を踏み外して頭を打ち、失語症になってしまったのです。入院した当初、奥さんは自分も仕事をしているにもかかわらず、毎日のように見舞いにやってきました。ところが、しばらく経つとしだいに見舞いの間隔が間遠《まどお》になり、やがて週に一、二回しか来なくなってしまいました。夫が、人が変わったようになったことが、原因だと考えられました。

失語症には、大きく分けて、しゃべれないけれど相手の言っていることは理解できる「運動性失語」と、しゃべれるけれど意味のない言葉で、相手の言っていることも理解できない「感覚性失語」があり、その男性は感覚性失語だったのです。そのため奥さんには夫が、妻の言うことも理解しないし、わけのわからないことばかり言う、見知らぬ人のように思えてきたのでしょう。

言うまでもなく、感覚性失語の方がリハビリが難しく、家族の協力が欠かせません。病院では時間的制約があり、入院中のリハビリだけでは完全に回復するまでに至りません。退院してからも、本人の気力を保ちながら家でリハビリを続けなければならないため、家族の協力がないとうまくいかないのです。

「このままでは、まずい」と思った私は、医師に言って、奥さんにＭＲＩの写真を見せながら脳の状態を説明してもらいました。その上で、「こんな風にしゃべるのは、こういう理由です。リハビリをすれば、よくなります。何よりも、奥さんが毎日来てくれることが大事なんです」と、訴えたのです。夫の人が変わったのは病気のせいだと理解した奥さんは、再び毎日来てくれるようになりました。その後、私は別の研修先に移ってしまったので、その人を最後まで見届けることはできませんでしたが、おそらく退院後も二人三脚でリハビリを続け、回復できたのではないでしょうか。

後遺症が残るような大きなケガや病気をすると、リハビリが必要になりますが、どうしても自分一人ではくじけそうになります。配偶者がいても、夫婦仲がいい人はいいのですが、夫婦仲がよくないとリハビリはうまくいきません。リハビリは、思い通りにならない状態との闘いですから、どうしてもストレスが溜まります。そのストレスをぶつけられたとき、夫婦仲が悪いと、受け止めることができないのです。

夫婦仲がよく、相手の病気を自分のことのように感じていれば、そのときは怒りがわいても、相手を支え続けることができます。一緒に泣いたり笑ったり怒ったりしながら、病気を克服していくことができるのです。医師や看護師に励まされても、なかなかこうはいきません。子どもでもダメで、喧嘩しながらでも一緒にやっていけるのは、やはり夫婦ならではなのです。

というわけで、夫婦仲が悪い人は今のうちに修復を心がけていただきたいのですが、夫婦仲がいいと、それはそれで大変なこともあります。相手の大病を自分の大病のように感じて、ショックを受けてしまうのです。

ご存知の方もいらっしゃると思いますが、精神科医エリザベス・キューブラー＝ロスの唱えた「死の受容のプロセス」という5段階のモデルがあります。それによれば、死を宣告されると、人は「否認」「怒り」「取引」「抑鬱」「受容」という5つの段階を経て、死を受け入れるとされています。

否認とは、心の底では事実だと知りながら、死の宣告を「何かの間違いだ」とか「嘘だ」と否認する段階。怒りとは、死の宣告は事実だと認めたものの、なぜ自分が死ななければならないのかと、怒りを周囲に向ける段階。取引とは、「財産を恵まれない人に寄付するから、命を助けてほしい」とか、「もうすぐ孫が生まれるので、孫の顔を見たら死んでもいい」などと、条件をつけて死を回避しようとしたり、受容しようとしたりする段階。抑鬱とは、何をしても自分の死が避けられないとわかり、希望を失った段階。受容とは、遠からず来る自分の死を受け入れ、心の平穏を回復した状態です。必ずしもこの順番通りに進行するわけでも、全員がすべての段階を経るわけでもありませんが、おおむねこのような心の動きがあると考えられているのです。

このような心の動きは、死の宣告に際してだけでなく、重篤な病気だと言われたときや、障害が残ると言われたときにも生じます。そして、本人だけでなく、結びつきの強い人にも起こります。がんだと言われたり、人工透析が必要だと言われたり、失明すると言われたり、歩けなくなると言われたりしたとき、本人だけでなく配偶者も、否認や怒り、取引、抑鬱といった精神状態に陥ってしまうのです。

病人を支えるためにしっかりしなければいけないのに、配偶者の方が取り乱してしまったりすることがあるわけですが、それはしかたがないのです。相手の命を、自分の命と同じか、それよりも大事だと感じているからこその反応だからです。本人も時間が経てば受容に至るように、配偶者も時間が経てば受容に至ります。ある程度の時間は必要ですが、必ず時が解決してくれます。配偶者が大病をしたときは、焦らずに、自分の心と相手の心に今何が起こっているのかを考えながら、日々の治療やリハビリに取り組んでいただきたいと思います。

自分が大病をした

大病も悪いことばかりではない。
「病気になってよかった」と、認知を変えれば行動が変わる。

できれば大病はしたくないし、大病をするのは悪いライフイベントだ、と思うのが普通でしょう。ところが、たとえばがんになって5年目の患者に、「がんになって、よかったことはありますか？」という質問をすると、「命を大切にするようになった」とか、「なんでもないことが愛おしく感じられるようになった」「病気の人の気持ちがわかるようになった」など、さまざまな答えが返ってきます。もちろん、不安や悩みを尋ねると、そちらにもさまざまな答えが返ってくるのですが、それだけではないのです。

ただし、これは欧米の調査によるもので、日本人に「がんになって、よかったことはありますか？」と質問しても、あまり答えは返ってきません。がんを宣告されて治療を受けて、あとは運を天に任せるしかないとなったとき、日本人はすごく不安になってしまうのです。

日本人はもともと不安や鬱傾向が強い民族だということもありますし、欧米人の心の根底にはキリスト教があることも影響しているでしょう。理由はいろいろ考えられますが、いずれにしても、日本人はネガティブなことをネガティブなまま解釈しようとするのに対し、欧米人、特にアメリカ人は、ネガティブなことをポジティブに解釈しようとする傾向が強いのです。

このように、悪いことがあっても、それをよく解釈しようとするところから始まったのが「認知行動療法」です。認知、すなわちものごとのとらえ方を変えれば、行動が変わるというのが、認知行動療法なのです。たとえがんになっても、欧米人のように「がんになってよかったことが、こんなにある」と思えれば、不安にさいなまれて鬱々とした日々を送らずにすみます。毎日を暗く過ごしても明るく過ごしても結果が同じなら、明るく過ごした方がいいわけです。もしかしたら、暗い気持ちでいると食欲も落ち、運動量も減り、免疫力も低下して、病気がぶり返してしまうかもしれません。無理にでもよいことを見つけた方が、おそらく結果もよいのです。

とは言え、不安のさなかにあるときに、自分一人で認知を変えるのは困難です。では、どうすればよいのでしょうか？　それには、患者の会などのグループに入ることです。いきなり患者の会に入るのはハードルが高いと感じる人は、インターネット上にさまざまな病気の患者の会がありますから、それを見たり、会員でなくても参加できる催しに行ってみたりするとよいでしょう。同じ病気の人たちの話を聞くことで、互いに共感し合い、苦しみを分かち合うことができます。不安を抱えていても、障害が残っていても、前向きに生きている人の姿を見れば、自分の悩みが小さく感じられます。そして、徐々に認知が変わっていくのです。

特に、一人暮らしの人にとっては、会の仲間が家族代わりになります。同病ならではの共感を持って、あなたの気持ちを深く理解してくれるからです。リハビリの苦労も知っていますから、あなたを励ましてもくれるでしょう。最初のうちは、自分のことだけで精一杯で、周囲の気持ちに気づかないかもしれません。どんな治療法がいいのか、どんな補助具があるのかなど、情報だけをもらおうとするかもしれません。ところが、しばらくして自分に余裕が出てくると、周囲の人たちが目に入るようになります。自分が支えられていたことに気づき、やがて自分も人を支えるようになります。認知が変わったのです。

病気や障害を克服したから、人を支えられるのではありません。病気が重くても、障害があっても、あなたが人生を楽しむことが大事です。そんなあなたの姿が、仲間の支えになり、ひいては社会への貢献になるのです。そして、そうなったとき、「病気になってよかった」と思えるあなたがいるはずです。

否応なく自分の死と向き合うのが大病。
その後の生き方が変わることもある。

50代に入って間もなく、脳梗塞で倒れた知人がいました。彼は記憶の研究者で、今は回復して再び大学で研究を続けていますが、そのときは強く死を意識したそうです。確実に死ぬ自分というものを意識し、自分を見つめ直したのだそうです。そして、定年までのあと15年の間に、研究者としてどのように研究をまとめ、発表すればよいかを考えたと言っていました。

だからでしょう、退院して間もなく彼は本を出しました。私も身に覚えがあるのですが、「今度こういうテーマで本を書こう」と思い、出版社も決まっているのに、他の仕事に追われてなかなかまとめられない。「忙しくて書く時間がとれない」と言い訳しながら、二年も三年も寝かせてしまう。おそらく、そんな状態だった原稿を一気呵成に仕上げたのではないでしょうか。まだ時間はあると思えばこそ、先へ先へと延ばしてしまうのですが、自分に与えられた時間が有限であると、彼は強く意識したのです。

大病をして死と向き合ったとき、自分が何を意識し、何をしておかなければならないと思ったかが、その後の生き方に大きな影響を与えます。言い換えれば、自分の人生において何が大事か、死と向き合うことで気づくのです。

自分や配偶者の大病は、それによって生活が一変してしまう可能性のある、とても厳しいライフイベントです。しかし対処の仕方によっては、その後の生き方を充実させるチャンスにもなります。そして、対処法の鍵となるのは、自分自身の心の動きを見つめる「内省力」です。内省とは、「メタ認知」とも言いますが、自分の思考や行動を客観的に見ること、いわばもう一人の自分が自分を見ている状態です。これは動物にはない人間だけに与えられた能力であり、この能力があることで人は思索を深め、行動を改めることができます。死をただ怖れるのではなく、死と向き合って人生を豊かにすることができるのです。

したがって大病をしたとき、あるいは大病と同様に大きく重いライフイベントに遭遇したとき、それをチャンスに変えるには、日頃から内省力を高めておくことが大事です。では、どうすれば内省力を高めることができるのか？　ひと言で言えば、さまざまな経験をし、自分の頭で考えることです。

たとえば街に出て、マナーの悪い若者を見たとします。そんなとき、「まったく、近頃の若いヤツは！」と怒るだけでなく、「なぜ、あんなことをするのだろう?」「ああすることで、何を訴えているのだろう?」と、考える。新聞を読むにしても、記事を文面通りに受け取るのではなく、「この記事の裏にある意図は?」とか「別の考え方はないのだろうか?」と、考える。もちろん自分のとった行動に対しても、「なぜあんなことをしたのだろう?」とか、「ああ言ったのは、本心からだろうか?」と考える。そんなちょっとしたことの積み重ねが内省力を高め、いざというとき、危機を乗り越える力になるのです。

6

ライフイベント「老化の進行」

記憶力の衰えや身体能力の低下を自覚する

人の名前が出ないのも、しょっちゅう物を失くすのも、脳の老化が原因。どうやって補償するか。

中高年になると、人の名前や店の名前や物の名前などが出てこなくなります。なかでも多いのが人の名前で、「ええと、あの人。なんだっけ、この前来た、髪の長い……」などと、もだえ苦しむ人をよく見かけます。この「舌の先まで出かかっている」という状態を、心理学では「ＴＯＴ（＝tip of the tongue、トット）現象」と呼びます。

私自身も例外ではなく、人の名前が出ないことはよくあります。特に、目の前にいる、よく知っている人の名前が出てこなかったりすると、内心グサッときて、非常に焦ります。私はそんな自分の心理も口にしますが、多くの人は、口には出さないものの、密かに傷ついているのではないでしょうか。序章で「老性自覚」の話をしましたが、TOT現象は老眼とならんで、内からの老性自覚の代表格なのです。

さらに、中高年になると物覚えも悪くなります。私たちはよく「記憶力が悪くなった」と言いますが、実は「記憶力」という能力はありません。記憶とは、「記銘→保持→想起」という、一連のプロセスなのです。したがって、物覚えが悪くなるのは、記憶の入り口の「記銘力」が落ちたということ。それに対して人の名前が出てこないのは、記憶の出口である「想起力」が落ちたということです。「保持力」、すなわちいったん記憶したことを記憶し続ける能力は、認知症の場合などを除けば、年をとっても衰えないとされています。「あ、鈴木さんだった」などと、思い出せなかった人の名前を後から思い出すことがあるのは、記憶そのものは残っているからです。

ところで、若者とお年寄りを比べたら、若者の方が記憶力がよいと、誰もが思うのではないでしょうか。たとえば、「次回の講義には、今回の内容の要約と、配布した資料と、三角定規を持ってきてください」と言うと、忘れ物が多いのは、老人の方だろうと予測するはずです。ところが実際には、忘れ物が多いのは若者の方なのです。特に、講義と直接関係のない三角定規には、かなりの差が出ます。どうしてかというと、老人はメモをするから。若者が自分の記憶だけに頼ろうとするのに対して、老人はメモを〝記憶の補助具〟として使うのです。

このような、自分の足りないところを補う行為を「補償」と呼びます。たとえば、ピアニストのアルトゥール・ルービンシュタインは、80代になっても衰えを感じさせない演奏をしたとされていますが、そこには年齢による衰えを補償する工夫がありました。すなわち、厳選した少数の曲を繰り返し練習し、速く演奏する箇所の前はよりゆっくり演奏するなどしたのです。つまり、補償する術を知っていれば、心身の衰えをカバーすることができるわけです。

同じ老化現象でも、失くし物や探し物が増える、要するに物をどこに置いたか忘れてしまうのは、記憶力というよりは注意力の問題です。ここでは注意を、「選択的注意」「焦点的注意」「分配的注意」「持続的注意」の四種類に分けて考えてみます。

選択的注意とは、何かを選択して、そこに注意を向けること。パーティ会場など、大勢の人が話している騒がしい場所でも、私たちはちゃんと自分の相手と会話をすることができます。これは相手に注意を向けているからで、このような注意の在り方が、選択的注意です。

焦点的注意とは、読書に集中する、音楽に集中する、勉強に集中するといった、何か一つのことに集中している状態です。分配的注意とは、それとは逆に、二つ以上のことに注意を分配している状態で、運転しているときや料理しているときが、その代表です。

持続的注意は、何かに注意した状態を続けることですが、私たちはもともと、さほど長い間注意を持続することができません。そのため、授業や仕事の合間にはときおり休憩を取って、注意をリセットしなければならないのです。

さて、なぜ年をとると失くし物や探し物が増えるかというと、四つの注意のうち、分配的注意が衰えるからです。家の鍵や眼鏡をどこに置いたかわからなくなってしまい、毎朝探しているとか、出かけるたびにハンカチやボールペンを失くすというのは、分配的注意が衰えているから。分配的注意がしっかりしている人ならば、同時に複数のことをしたり、別のことを考えながら何かをしたりしても、すべてに注意を向けることができます。そのため、鍵は靴を脱ぎながら下駄箱の上に置いたとか、ハンカチはお茶を飲みながら汗を拭いてテーブルの上に置いた、といったことを覚えているのです。ところが分配的注意が衰えると、複数のことに同時に注意を向けるのが苦手になり、何かを忘れてしまうのです。

先日、知人が「帽子が神隠しにあった」と言っていましたが、これも同じです。「朝起きたら、前の日に被って出たはずの帽子がどこにもない。ベッドの下からゴミ箱の中まで探したけれど、見つからない」とのこと。どこかで脱いで置いたか掛けたかして、そのまま帰ってきたのを忘れてしまったのですが、本人にはまったく覚えがないために、「神隠しにあった」と言ったのです。この話を聞いたとき、私は「神隠しにあう」というのは、いい表現だと感心しました。

「原因帰属」と心理学では言いますが、これは何かが起こってその原因がわからないとき、それが何のせいだと考えるかということで、自分のせいだと考える場合を「内的な原因帰属」、ほかの人やほかのことのせいだと考える場合を「外的な原因帰属」と言います。

たとえば、宝くじを買うとき。人が大勢並んでいる売り場で、わざわざ何十分も並んで買う人がいます。その売り場はよく当たるからというのが理由ですが、宝くじはどこで買っても当たる確率は同じです。売れる枚数が多いから当たる枚数も多いだけで、冷静に考えれば確率は同じとわかるのですが、それでも並ぶのです。

なぜかというと、宝くじという「どうすれば当たるかわからない」ものに対して、労力を費やし努力をすることで、当たる確率が高くなると思うからです。つまり、並んでいる人は、宝くじに当たる原因を、自分の努力のためだと考えている、言い換えれば内的な原因帰属をしているのです。

それに対して、たとえば財布が見つからないとき。私たちは「誰かが盗ったんじゃないか」と考えてしまいがちです。人のせいにする、すなわち外的な原因帰属をしてしまうのですが、これはなぜかというと、その方が精神的に楽だからです。「自分が失くしたんだ」「自分が悪いんだ」「年をとって能力が衰えたせいだ」と内的な原因帰属をすると、自罰的になってしまって苦しいのです。

一般的に人は、いいことは自分のせいに、悪いことは他人のせいにしがちなのですが、「おまえが盗ったんだろう」と他人を責めれば、喧嘩になります。その点、「神隠しにあった」と神様のせいにすれば、誰も傷つきません。他人を怒らせることも、自罰的になることもなく、笑い話にしてしまえるのです。

ただ、帽子ぐらいならまだいいものの、大事な物を失くすと困ります。分配的注意の衰えを、補償する方法はないのでしょうか？

いちばん簡単な方法は、指差し確認です。よく、ホームで駅員が「前方よし」などとやっているあれですが、指差しだけでなく声を一緒に出すことで、より確かになります。これを利用して、「鍵は下駄箱の上」などと指差しながら言っておくと、忘れません。家を出た後、「ガスの元栓を閉めただろうか」などと心配になることがありますが、これも分配的注意の問題です。「遅れそうだ、早く出かけなくちゃ」などと考えながら行動しているために、そちらに気を取られて、ガスの元栓を閉めたかどうか覚えていないのです。「ガスの元栓よし」などと言いながら指差し確認をすれば、大丈夫です。

ただ、ここで一つ問題なのは、急いでいると指差し確認そのものを忘れてしまうことです。人が同時にできることは、若者で三つまで、中年以降は二つ、認知症になると一つです。しかも、すごく大事なことがあったり、感情的に激していたり、何かに集中したりしていると、そのことに脳の情報処理能力をすべて使ってしまうために、ほかのことを処理できなくなります。そのため、ものすごく急いでいたり、心配事があったりすると、指差し確認することを忘れるのです。

では、どうするか？　瞬間瞬間の情報処理能力が減ってきていることを、自覚することです。そして、集中するときはほかのことをしない、順序立てて一つずつ順番にこなす、といった方法を採ること。これが、すなわち補償です。

ちなみに、料理には分配的注意が必要なため、料理をすると脳の情報処理能力全般が高まると言われることがありますが、これは誤りです。情報処理能力が低下すると料理が下手になるのは事実ですが、料理をしても情報処理能力が高くなるわけではありません。料理をすれば料理は上手になりますが、料理をしても車の運転が上手になったり、失くしものをしなくなったりするわけではないのです。

できると思ったことができずにケガをしたり、
やりすぎたりする。
自己イメージと実像の乖離を知る。

昨年、知人が「100メートル走に出て、ゴールした瞬間に転んで骨折した」と言っていました。もう一人の知人は、つい最近、「町内のマラソン大会に出ようと思って、練習のために毎朝走っていたら、足首を痛めてしまった」と言っていました。

だいたい、町内の運動会で徒競走をすると、転ぶのは中年の男性で、老人は転びません。なぜ、このようなことが起こるかというと、老人は自らの老いを自覚し、それに適応しているのに対して、中年男性は自己イメージと実像が乖離しているからです。自分自身が思い描いている自分のイメージ、たいていは若い頃の自分ですが、これが現在の身体能力と食い違っているのに、イメージ通りに動けると思ってしまうのです。すると、思い通りに身体が動かずにケガをしたり、過度に負荷がかかって身体を痛めてしまったりするわけです。

町内の運動会で転ぶような人は、もともとあまり運動をしていないわけですが、それとは対照的にここ数年、本格的なスポーツウェアを着て走っている中高年をよく見かけます。後ろから見ると若者のような体型ですが、顔を見ると中高年であることがわかる。そういう人に出会うたびに、私は「こんなに鍛えて、本当に身体にいいのかなあ」と考えてしまいます。

いつまでも若々しい身体でいたいという気持ちはわかりますし、確かに筋肉は鍛えればつきます。けれども、内臓はどうでしょうか。心臓や肺などの臓器自体は老化が進んでいますから、内臓が悲鳴をあげている可能性もあります。適度な運動ならばいいのですが、若者並みの体型になるには、相当ハードなトレーニングを積んでいるのではないでしょうか。

健康診断などを受けると、「適度な運動をしてください」と医師は言いますが、実はこれが難しいのです。人は、意図したことがうまくいくと、はまってしまうからです。運動をして筋肉がついたり記録がよくなったりと、少し効果が出始めると、おもしろくなります。そして、だんだんのめり込んでいき、いつの間にかやめられなくなってしまうのです。

トレーニングをすると、あるときまでは実際の身体能力も、自己イメージに比例して高まっていきます。だからはまるのですが、ある時点からは、自分が思うほどには実際の身体能力が高まらなくなります。若者のようにはいかないのですが、自分としてはトレーニングを積んでいるわけで、身体能力が高まり続けていると思っていますから、そこに自己イメージと実像の乖離が生じてしまうのです。

もちろん、運動は大事です。筋肉をつけたり、バランス感覚を養ったりすれば、日常生活で転倒しにくくなるなどのメリットがあります。ウォーキングやジョギングなどの有酸素運動は、脳の働きをよくすることもわかっています。要は程度の問題で、自己イメージと実像が乖離するほどのめり込むのは、逆効果なのです。

しかも、身体能力はいつか必ず低下します。もともと身体能力に重きを置いていない人ならばよいのですが、身体能力の高さに誇りを持ち、それがアイデンティティになっている人は、このとき大きなショックを受けます。身体能力が落ちたことに大きなストレスを感じ、「自分はもうダメだ」と思って、抑鬱状態になってしまうことさえあるのです。

そうならないためには、自分の状態を客観視できるようにすることが大事です。たとえば、マスターズ陸上を目指したり、マラソン大会に参加したりする人は、自己流ではなく、トレーナーについた方がいいでしょう。自分の能力と限界を客観的に見てもらうことができ、大きなケガなどをしなくてすみます。また、自分の状態をプロに指摘され、納得することで、徐々に訪れる身体の老いをスムーズに受け入れることもできるはずです。

「さすがに、そこまではしなくていい」という人は、身体能力を上げたり記録を伸ばしたりすることよりも、走ることの爽快さを楽しんだり、仲間とともに走ることを楽しんだりするように、気持ちをシフトするといいと思います。10代、20代の頃の走る意味と、60代、70代になってからの走る意味は、同じではありません。中高年には中高年なりの走りがあるのです。

老化への抵抗（アンチエイジング）

主観年齢は暦年齢よりも10歳若い。
現代人は主観年齢に暦年齢を合わせようとする。

あなたは、自分の年齢をいくつぐらいだと感じているでしょうか？　50歳ぐらいでしょうか。それとも、40歳ぐらいでしょうか。もちろん、自分は今何歳だという暦年齢（実年齢）はわかっているのですが、人にはそれとは別に自分が感じる自分の年齢、「主観年齢」があります。

私たちが行なった調査では、60代・70代の人の主観年齢は、暦年齢よりも6〜7歳若いという結果が出ています。60歳の人なら自分を53〜54歳に、65歳の人なら58〜59歳に、70歳の人なら63〜64歳に感じているということですが、実際にはもうちょっと若く感じているのではないかと思います。

というのも、アメリカの調査では、60代・70代の男性は自分の年齢を暦年齢よりも15〜

20歳若く、女性は22～28歳も若く感じているという結果が出ているからです。日本人の場合、そこまでの開きはないにしても、「10歳以上も若く感じていると書くのは恥ずかしいから、6～7歳にしておこう」という心理が働いたのではないか、とも考えられるのです。

よく、「老人向けの商品は売れない」と言われますが、その根底には、この主観年齢の若さがあります。老人は自分を老人だと思っていないために、老人向けの商品は売れないのです。実際に、今は後ろ姿を見ただけでは年齢のわからない人が大勢います。着るものも行動も若々しいからですが、昔はそうではありませんでした。私が子どもの頃、祖母はもっと〝老人らしい〟姿をしていました。いつの間にか、日本人の意識が〝年相応〟から〝アンチエイジング〟へと、切り替わったのです。

たとえば、テレビで自分と同年代か年上の芸能人を見て、私たちは「いつまでも若々しいわね」などとほめますが、それは暦年齢よりも若く見えるのがよいことだと思っているからです。反対に、自分と同年代なのに老けている人を見ると、「なんであんなに老けているんだろう」と、愕然としたり腹が立ったりします。私たち現代人にとって、老いはネガティブなものであり、拒否すべきものなのです。

そこで、私たちが採る行動は、アンチエイジング、老化への抵抗です。私たちは、自分は若いつもりでも、ふとした拍子に老いを感じることがあります。白髪が増えたり体力が落ちたりしたことに気づき、「年をとったな」と思うのですが、そのようなとき私たちがするのは、年相応に振る舞うことではなく、暦年齢を主観年齢に近づけることです。髪を染めたり、アンチエイジングをうたった化粧品を使ったり、サプリメントを飲んだり、スポーツジムに通ったりするのは、暦年齢を主観年齢に近づけようとする行為なのです。

アンチエイジングの行き着く先は、老いの拒否であることを認識する。

若々しくありたいと願うのも、そのためにおしゃれをしたり運動をしたりするのも、悪いことではありません。ただ、内省することなく、そのことに突っ走ってしまうと、〝ケガ〟をすることがあります。

わかりやすい例が、服装です。ときおり、何十年か前の若い頃と同じような服装をしていたり、今の若者と同じような服を着ていたりする人がいます。本人にしてみれば「大きなお世話」でしょうが、そんな人を見ると、正直なところ違和感を覚えないでしょうか？

私たちは、自分のことはさておいて、他人のことは「若作りしているな」とか、「若いつもりなんだな」と思うわけです。これは、自分の服装は主観年齢で判断するのに、他人の服装は暦年齢で判断しているからでしょう。

また、服装には「自己提示」という側面があります。自己提示とは、相手がどう見なすかを前提とした自己表現の仕方で、簡単に言えば「自分をどう見せたいか」です。つまり、若い頃と同じような服装をしている人は、「自分は若い頃の自分と同じだ」と、周囲に訴えているわけです。そのため、その人が若くないと、「そう言われてもなあ」という気分になってしまうのです。

服装などは趣味の問題であり、笑い話の範疇ですが、アンチエイジングによる〝ケガ〟には、弱者の否定という深刻な事態もあります。アンチエイジングとは、いつまでも若々しくありたいという願いであり、老いて弱ることの否定だからです。

本来、老いには老いの豊かさがあり、老いは否定すべきネガティブなものではないのですが、アンチエイジングにとらわれてしまうと、そうは思えません。老い、すなわち心身が弱り、病気や障害があり、他者の手を借りなければ生きられない状態は、ネガティブでイヤな状態であり、受け入れることができないのです。そのため、老いを経験せずに死にたいと願います。これがすなわち「ピンピンコロリ願望」です。

ピンピンコロリ願望を口にする人は、「周囲に迷惑をかけたくないから」と言います。それは、「老いるとは、迷惑をかけることである」「迷惑をかけてまで生きている価値はない」という「弱者否定」でもあるのですが、それに気づいていないのです。

もちろん、ピンピンコロリ願望を口にする人に悪気がないのはわかっています。公的なサポートが不十分であるために、要介護状態になると家族が大変だという実態があるのも事実です。けれども、弱った仲間を放置せず、看病したり介護したりするのは、人間が長い歴史のなかで獲得してきた、人間ならではの特徴です。それを否定するのは、人間性を否定するのと同じことです。

アンチエイジング、老化への抵抗は、突き詰めると老いの拒否、弱さの否定に行き着きます。そのことを、私たちは認識しておく必要があるのではないでしょうか。

第2章

70代

他者のサポートを受け入れ、世代継承性を考える年代

70代は、心身の状態が質的に変化する年代です。60代までは、老いが量的な変化であったのに対して、70代では質的に変わります。第二次性徴によって子どもが大人になるように、急激かつ不連続な変化によって、人は老人になるのです。

そして、後期高齢者と呼ばれる70代後半になると、それまでは他者をサポートする側にいた人が、サポートされる側に回ります。このとき、他者のサポートを上手に受け入れられるかどうかは、それまでの生き方にかかわってきます。

また、自営業者や会社役員も含めて、70代は仕事から完全に引退する時期です。すると、社会との関係も変化します。社会的生活圏が縮小し、家族的生活圏が中心の暮らしになるのです。そして、自分から子へ、子から孫へという世代継承性を、強く意識するようになります。

1 ライフイベント「仕事からの引退」

社会的生活圏が縮小する

老年期には社会的離脱をよしとするか、活動をよしとするか、二者択一というわけではない。

定年退職後は、給与や地位や権限などの自己拡大欲求に基づいた物差しを捨てて、社会的評価という新たな物差しを手に入れること、そして自分なりの本義を見つけることが、毎日未来展望をよくするためには重要です。また、家や地域に居場所を見つけることが、毎日を充実させ、幸福感を高めてくれます。

第1章の「2　ライフイベント『継続雇用、再就職』」の項で述べたように、このようなことを意識して定年退職後の「ターミナル期間」を過ごせた人は、すでにその後の、仕事からの完全な引退に対する備えができているはずです。ただ、仕事からの完全な引退は、社会的生活圏の縮小をもたらします。

私たちは、大きく分けて二つの生活圏、「家族的生活圏」と「社会的生活圏」のなかで生きています。子どもの頃は、家族的生活圏が世界のほとんどすべてを占めていますが、成長するにしたがって徐々に社会的生活圏が大きくなります。そして、仕事を引退し、高齢になるにしたがって、再び社会的生活圏が小さくなっていくのです。これは、単に行動範囲が狭くなるというだけでなく、経験の多様性も減り、自我も縮小していくことを意味します。

高齢になったとき、このような社会的生活圏の縮小、言い換えれば社会からの離脱をどうとらえるかについては、二つの考え方があります。一つは、「社会的離脱理論」と呼ばれるもので、老化によって社会との関係が縮小するのは避けられないことなのだから、それを受け入れた方が状況によりよく適応できる、という考え方です。もう一つは「活動理論」と呼ばれるもので、高齢になってもそれまでと同様、社会的な活動を維持した方がよいという考え方です。

みなさんは、どう思いますか？　年をとったら社会的な活動から身を引いて、静かに暮らした方がよいと思いますか？　それとも、社会的な活動を続けた方がよいと思いますか？

今は、「社会的な活動を続けた方がよい」と思う人が多く、実際に、その方が幸福感が高くなるのはこれまで見てきたとおりです。けれども、私のこれまでの経験から言うと、不思議なことに「もう人のお世話はできない」と自ら言い出すときが、必ずやってきます。時期的には個人差がありますが、自然に「自分は人を世話する側から世話される側に回った」と、自覚するときが来るのです。それが、老いが質的に変わったときなのかもしれません。

社会的離脱か活動かは、生き方の問題でもありますが、その人の心身の状態の問題でもあるのです。また、社会的離脱といっても、何もしないで閉じこもってしまう、自我が縮小するに任せる、ということではありません。社会との関わりを大きく持つ活動、たとえば地域のボランティアに毎回参加するとか、趣味の会のリーダーになって仲間を牽引するといったことはできなくても、もう少し狭い範囲で、家族や友人のために何かをしたり、一人でコツコツと何かを追求したりすることはできます。

一般的には、70代前半ぐらいまでは活動性を維持する方向に、それ以降は、物理的な世界を狭めて精神世界を広げる方向に行くことで、老いにうまく適応できるのではないでしょうか。長寿になったことで、私たちは老年期が飛躍的に長くなりました。そのため、老年期は活動か離脱かという二者択一ではなく、活動性の高い時期を経て、最終的に社会的離脱に至るのです。

商売や農業を引退する。親族に受け継がせるのは難しい。ならばどうするか？

以前、大学院の教え子が、「婚約者が農業を継ぐために実家に帰るので、一緒に行くかどうか迷っている」と言っていたことがありました。婚約者も大学院生だったのですが、彼の実家は代々手広く農業を営んでいて、跡を継いでいた父親が急逝したのです。私の周囲にはそのほかにも、子どもが継がないために田んぼを手放した人や、高齢になって会社を畳んだ人、薬局を経営しているけれど跡継ぎがいないため、大手チェーンに店を売ってしまおうかと悩んでいる人などがいます。

70代になると、自営業や農業を営んでいる人も引退を考えるようになりますが、その際に問題になるのが後継者です。会社組織にして大きくやっている場合は、自分の子どもが継がなくても役員や従業員に継いでもらうことができますが、個人商店のような家族経営のところは、子どもが継がないと店を畳むしかないという場合が多いようです。けれども、誰しも自分の店や田畑には愛着があります。そこで、別の仕事をしている子どもを呼び寄せて、跡を継がせようとするわけです。

テレビでもたまに、別の仕事をしていた息子や娘が帰ってきて、今の代で失われてしまうかに思われた伝統的な手仕事を継いだ、というような番組をやることがあります。「後継者ができて、本当によかったですね」と、異口同音にレポーターは言いますが、本当にそうでしょうか？　とりあえず子どもは帰ってきても、そのまた子どもはどうでしょうか？　伝統的な手仕事を守るのは大事なことですが、血縁だというだけで子どもに継がせるのは、よいことなのでしょうか？

家制度が失われ、職業選択の自由があり、子どもの数が少ない今、家族経営にはもう無理があります。みんな、それはわかっているのです。それでも子どもに継がせたいと思うのは、コミットメントが非常に強く働いているからです。

コミットメント、すなわち執着は、注いだ時間や労力、金銭に比例して強くなります。たとえば、つきあっている相手が浮気をした場合。つきあってからまだ間もなければ、すぐに別れられます。ところが、長年つきあっていて、しかもお金や宝石や毛皮や車や、さまざまなものを貢いでいる場合は、相手がどんなに性悪であっても、なかなか別れることができません。

あるいは、何かのプロジェクトを手がけた場合。着手してすぐに失敗だとわかれば、比較的簡単に白紙に戻すことができます。けれども、労力も資金も時間もつぎ込んでしまってから失敗だと判明すると、どうにか挽回できないかと思ってさまざまな手を打ち、かえって泥沼に入り込んでしまったりします。

人は、長年にわたって心血を注いできた事業を、他人に譲り渡すことはなかなかできないのです。それが自分一人でなく、代々にわたってとなれば、なおのことでしょう。

けれども、自分の子どもだからといって、自分と同じようにその仕事に向いているとはかぎりません。第一、子どもは自分がその仕事に向いていないと思ったから、別の職業に就いているのです。適性のない子どもに跡を継がせてつぶしてしまうよりは、適性のある他人に継いでもらった方が、コミットメントを持ち続けることができます。店や田畑がきちんと維持されているのを見れば、たとえそれが今は他人の経営でも、誇りを持ち続けることができます。

個人商店や農業を子どもに継がせようとする背景には、継いでくれる他人などいないだろうという思い込みもあると思います。けれども今は、小さな店や農業をやってみたいという若者もいます。後継者がいないと悩んでいる人は、「自分の仕事には、こんな魅力がある。けれども後継者がいない。だれかいい人がいないか」と、まずは自己開示してみてはどうでしょうか。最初から、子ども以外は無理だと思ってしまっては、展開がありません。垣根を低くして自己開示し続けることで、やがて思わぬ出会いがあるはずです。

アイデンティティを再構築する

社会的アイデンティティを離れ、
青年期に抱いた自分本来のアイデンティティに立ち返る。

定年退職すると、社会的なアイデンティティを失います。自分が何者かわからなくなって、存在が揺らいでしまうのですが、継続雇用や再就職をすると、社会的アイデンティティが再構築されます。ところが、完全に仕事を辞めると、再構築した社会的アイデンティティを再び失ってしまいます。この間に別のアイデンティティを見つけられた人はよいのですが、そうでない人は、またしても自分という存在が揺らいでしまいます。そんなとき、どうすればよいのでしょうか?

おそらく、なすべきことは、社会的アイデンティティをもう一度構築することではありません。素の自分に戻って、自分なりのアイデンティティを見つけることだと、私は思います。

青春時代には誰もが、「自分はこの世に、何をなすべき人間として生まれてきたのだろうか?」「自分ができること、するべきことは何なのか?」といった悩みを持ちます。そして、本を読んだり、友だちと話したり、旅をしたりして、内なる自己と向き合い、答えを探したのではないでしょうか。

それが大人になって仕事をするうちに、社会人としてのアイデンティティができ、夫や妻、父親や母親としてのアイデンティティができ、さまざまな役割アイデンティティができて、いつの間にか「自分とは何者か?」という問いを発することも、なくなったのではないでしょうか。しかし、心の底には青春時代の問いが潜んでいて、ときおりそれが疼いていたかもしれません。

コラムニストの天野祐吉さんが、生前、次のようなことを書いていました。人間は正気と狂気を持っているけれど、みんな狂気を隠して正気の世界に生きている。でも、正気の世界で真面目に生きているだけだと、どんどん縮こまってしまう。特に年をとると、身体も弱くなるし気も弱くなって、ますます縮こまって何もできなくなってしまう。けれども、狂気を共有したり、互いに認め合ったりする仲間がいると、そうならずにすむ。私自身も、年をとって身体も気も弱くなってきたけれど、狂気を共有できる友人がいたから助かった、と。

本当にそうだと思います。「狂気」というのは過激な言い方ですが、要するに社会的な責任を問われる真面目な世界ではなく、遊ぶ世界のこと。バカをやったり、冗談を言い合ったりできる世界のことです。あるいは、夢を語ったり、趣味にのめり込んだりと、一銭にもならないことを追いかける世界です。そして、青春時代に求めたアイデンティティ、「自分とはこういう人間である」という極めてパーソナルな、主観的なアイデンティティは、こちらの世界、狂気の世界にあるだろうと、私は思います。

仕事から完全に引退したときこそ、青春時代の問いをもう一度、自分に問うチャンスです。青春時代の素の自分に戻って、自分が生まれてきたことの意味を考える。人生の価値とは何かを考える。青くさい悩みを、もう一度悩む。そして、これまでとは違う世界で遊んでみる。それはとても楽しく、ワンダー・フルな体験になるはずです。

ちなみに私は、引退したら、周囲の人たちが「あっ」と驚くようなことをしたいと思っています。「こんなことをやるような人だとは、思わなかった」と、言わせてみたい。要するに「ヘンシンっ！」ということですが、そうなるために、自分が何に対して狂気になれるかを、これから何年かかけて探していこうと思っています。

2 ライフイベント「心身の質的変化」

自分が老人になったことを自覚する

目や耳や歯が悪くなる。
困ったとは思っても、老いを直視するわけではない。

みなさんは、「老人」とは何歳ぐらいからだと思いますか？　日本では65歳以上の人を高齢者、すなわち老人として、高齢者人口などの統計を取ったり、福祉政策を決めたりしています。これは、国連の経済社会局人口部の定義に準じているのですが、中高年の人で、65歳以上を老人だと思っている人は、ほとんどいないのではないでしょうか。自分自身の主観年齢も若いし、周囲を見ても、老人とは思えない人が大勢いるからです。では、いったいいくつぐらいから、人は老人に見えるのでしょうか？

個人差はありますが、70代になると、たいていの人は老人らしい顔つきや体つきになります。たとえば、瞼の筋肉が衰えるために、瞼が垂れて目が小さくなります。頬の筋肉も衰えますから、頬も垂れて、口元の感じも変わります。皮膚に張りがなくなり、皺が増えることも、顔貌の変化に拍車をかけます。芸能人のように皺取り手術などをすれば、多少は先延ばしできますが、それも限界があります。70代後半になると、アンチエイジングの効果が薄れてくるのです。

身体にも変化が起こります。老化によって身体の筋肉量が減り、筋力や運動機能が低下した「サルコペニア」と呼ばれる状態になったり、「ロコモティブシンドローム（運動器症候群、略称ロコモ）」になったりする人もいます。

ロコモとは、「運動器の障害によって、要介護になるリスクの高い状態」を指します。運動器とは、筋肉や腱、骨や関節、脊髄や末梢神経など、身体を支えて動かすための器官のこと。それらが、加齢にともなう筋力やバランス能力などの低下、あるいは加齢にともなって起こる病気、骨粗鬆症や変形性関節症などによって、うまく機能しなくなります。その結果、痛みが出たり、腕が上がらなくなったり、歩けなくなったりするのです。

また、中年期にはメタボリックシンドローム（内臓脂肪型肥満に、高血糖・高血圧・脂質異常症のうち二つを合併した状態。略称メタボ）が問題になりますが、高齢になると逆に痩せることが問題になります。70代の人に、「65歳のときと比べて、体重は増えましたか？　減りましたか？」と尋ねると、ほとんどの人が「減った」と答えます。70歳頃を境にして、放っておくと太ってしまう状態から、放っておくと痩せてしまう状態へと転換するのです。

さらに、筋肉が減少するサルコペニアを入り口にして、「フレイルティ（虚弱、略称フレイル）」と呼ばれる複合的な状態が起こります。フレイルとは、老化によってさまざまな身体機能が低下し、病気や要介護になりやすい状態で、以下の五項目のうち三つ以上に該当すると、フレイルと評価されます。

①1年間で体重が4～5キロ減少した。
②疲れやすくなった。
③筋力（握力）が低下した。
④歩行速度が低下した。

⑤身体の活動性が低下した。

日本老年医学会では、「フレイルは健常な状態と要介護状態の中間であり、この状態であることにいち早く気づき、十分な栄養を摂ったり適度な運動をしたりすることで、健常な状態に戻ることができる」と言っています。

70代になると、五感の衰えも顕著になります。たとえば、歯が悪くなって硬いものが食べられない。唾液が出にくくなって、うまく飲み込めない。耳が遠くなって、人の話がわからない。高い音が聞こえない。熱さや冷たさをはっきりと感じない。暑さ寒さもあまり感じない。においがよくわからない。老眼鏡をかけても、大きな字でないと読みにくい、といったことが起こってきます。それまでにも徐々に感覚器官は悪くなってはいるのですが、補聴器が必要になったり入れ歯になったりと、補助器具で補わなければならないほど、衰えが大きくなるのです。

こうなると、いろいろと困ったことが起こりますし、自分でも「耳が遠くなっちゃって」などと言うのですが、だからといって老いそのもの、あるいは老いていく自分自身を見つめているかといえば、そうではありません。日本は超高齢社会で、多くの人が高齢であるために、老いを相対化してしまうのです。つまり、「あの人の方が私より老けている」とか、「この年でもう介護を受けている人もいるけれど、私は大丈夫」とか、「同じくらいの年齢の人と比べたら、いい方だ」などと、自分の老いを他者と比較して、安心する。老いを拒否しているわけではないものの、逃げ道を探す。自分の老いを相対化はしても、絶対視はしないのです。

そのため自治体が、心身の状態があまりよくない人たちを、認知機能や運動機能の低下を防ぐための催しに呼ぼうとしても、「私はまだ大丈夫」と言われてしまい、人が集まりません。そのまま放っておけばフレイルの悪循環が始まり、認知症や鬱、骨粗鬆症、尿失禁、低栄養、転倒などの「老年症候群」と呼ばれる症状や病気が次々と起こって、要介護状態になる危険性がありますから、早めに対処した方がよいのですが、これが難しいのです。

このような状態を解消するには、機能が低下してから人を集めるのではなく、機能が低下する前から参加して楽しめる催しを、自治体が考える必要があります。実際にそのような工夫をして、高齢者に楽しみながら参加してもらうことに成功している自治体もあります。しかし、自分の住む地域がそうでない場合は、どうすればよいでしょうか?

いちばんは、誘因を自分で作ることです。その時間を楽しめるように、配偶者や友人知人と一緒に参加したり、行くとどのようなメリットがあるかを考えるとよいのではないでしょうか。配偶者や友人知人を誘うと、コミットメントが働いて「やっぱり行かない」とは言いにくくなります。あまり気乗りがしないけれども、参加した方がよい催しには、先に「参加します」と言ってしまうとよいでしょう。


車の運転をするなと言われた。

自分では大丈夫だと思っているのに、理由がわからない。


あなたは車を運転しますか?　運転するのであれば、70歳以上になったら免許更新の際には高齢者講習を、75歳以上になったら認知機能検査を受けなければなりませんが、それをどう思いますか?

たいていの人は、「自分には関係ない」と思っているのではないでしょうか。「義務だから受けるけれど、問題になるのは認知症の人であって、自分は関係ない」と。また、家族から「危ないから、運転はもうやめてほしい」とか、「免許を返納した方がいいんじゃないの?」などと言われて、「冗談じゃない!」と怒ったことも、あるかもしれません。実は、端から見ると危なっかしい運転なのに、それを指摘されると怒るというのが、老人のスタンダードな反応なのです。

どうして怒るかというと、運転に自信があるからですが、なぜ自信があるかというと、老人は若者よりも「有能感」が高いからです。有能感とは、文字どおり自分は有能だと感じることですが、これは、残された人生をより生きやすくするために備わった性質だと考えられています。有能感が高くないと、心身の衰えを日々感じながら、自分という存在を肯定して生きていくことができません。ともすれば自己否定に傾きかける気持ちを上向かせるための、いわば自己防衛機能であり、人は年をとればとるほど有能感や自己肯定感、自尊心が強くなるのです。

さらに、運転には「自己効力感」もあります。年をとると、さまざまなことが不如意になります。足腰が弱ると遠出できなくなりますし、駅では券売機の使い方がわからない、銀行ではATMの使い方がわからない、まごついていたら後ろの人にイヤな顔をされた、といったことが起こります。家の中でも、二階へ行くにも階段の上り下りが一苦労、敷居につまずいて転びかけた、新しい家電製品の使い方がわからないなど、イライラすることが増えてきます。

　ところが車の運転は、長年運転している人ならば、ほとんど何も考えずにすることができます。思い通りに車を動かして、自分の行きたい所へ行けるわけで、運転ほど自己効力感を味わえることは、他にないのです。そして、運転による自己効力感は、日常生活で不如意なことが増えれば増えるほど、存在価値を増していきます。

　老人にとって「運転が下手になった」とか、「運転するな」と言われることは、「お前はもう、自分では何もできないのだ」と、能力を全面的に否定されるのと同じことであり、そのために猛反発するのです。

　とは言え、「老人の運転は危険」というのは、周囲の思い込みではありません。年をとると運転が下手になるのは事実です。運転するときは、ブレーキやアクセルといった車の操作だけでなく、歩行者や自転車、対向車や後続車、信号や道路標識といった周囲の状況にも、同時に絶えず注意を払わなければなりません。要するに、高度な分配的注意が求められるのですが、脳機能の衰えによって、それができなくなるのです。そのため、変わりかけた信号に気を取られて、横から出てきた自転車に気がつかないとか、歩行者に気を取られて右折車に気がつかない、といったことが起こるのです。

有能感や自己肯定感が高いために、老人が自分で自分の危うさを直視することは、なかなかできません。しかし、事故を起こしてしまっては、取り返しがつきません。特に、死亡事故を起こしてしまったり、相手に障害が残ってしまったりすると、他者を不幸にするだけでなく、自分自身の後半生も不幸なものになってしまいます。

税金や保険料、駐車場代、ガソリン代など、車を維持するにはかなりのお金がかかります。そのお金を使ってタクシーに乗れば、危険もなく快適に移動ができる。運転するときは飲めないお酒も飲めるし、眠ってもかまわないのだから、自分で運転するよりずっとよい。そんな風に頭を切り替えて、運転のやめ時を考えてみるとよいのではないでしょうか。

知的好奇心が高まると、行動のレパートリーが増える。
すると生活習慣が変わる。

70歳を過ぎると、脳の老化を如実に感じるようになります。自分でも物忘れが多くなったと感じますし、周囲からも「また忘れちゃったの?」などと言われることが増えるのです。そこで、「ぼけ防止のために何かしよう」と思って、計算問題を解いたり、文章の音読をしたりする人が大勢います。このような脳のトレーニングは、効果があると喧伝されていますが、私としては、単に計算や音読をしただけでぼけ防止になるとは思いません。

脳のトレーニングの効果を測る場合、大学の研究室などへ定期的に通ってトレーニングを受けてもらい、一定の期間の前と後で違いを見ます。そして、計算問題を解くとこれだけ効果があるとか、音読するとこういう効果がある、というわけです。実際に、脳の働きは、トレーニングの後は前よりもよくなっているのです。

しかし、週に1回2時間のトレーニングだけで、脳の働きがよくなるものでしょうか。私は、週1回2時間のトレーニングを受けることで、残りの週6日と22時間の生活が変わり、そのことが効果を生むのだと思っています。

トレーニングに参加すると、いろいろな話を聞きますから、当然家に帰ってからもいろいろなことに注意するようになります。食べ物に気をつけたり、運動に気をつけたりもするでしょう。また、トレーニング仲間と話をするようにもなりますし、予定を頭に入れて、電車やバスに乗って毎週通うこともします。本の音読をしたりすれば、本など読まなかった人でも本に興味が出て、書店に行ったり図書館に行ったりするようにもなるでしょう。

要するに、知的好奇心が刺激されて、行動のレパートリーが増える。生活習慣が変わるのです。

ところが科学的研究においては、このような日常生活をデータ化することはできません。個人によって異なる要素が多すぎて、数値化できないのです。トレーニングを研究している人たちは、「生活はみんな違うから、相殺される。だから、トレーニングしたかしなかったかだけを比較すればいい」と言います。確かに、トレーニングすれば効果はありますが、その効果をすべて、週1回2時間のトレーニングのためだというのは、言い過ぎだと思うのです。

したがって、家に閉じこもって計算問題を解いたりしても、残りの時間の使い方が変わらなければ、計算が速くなるだけで、その他の効果は望めないでしょう。それよりも外に出て散歩をしたり、映画や芝居や展覧会を見たり、人に会ったり、仲間と何かをしたりする方が、知的好奇心は刺激されます。

ところで、みなさんは「コグニティブ・リザーブ」という言葉をご存知でしょうか？コグニティブ・リザーブとは、認知機能の予備力のことで、これが高い人は脳卒中で倒れたりしても、認知機能に受けるダメージが比較的軽くすむことが多いのです。このコグニティブ・リザーブは、日頃から頭をよく使っている人ほど高いと考えられています。頭を使うと言っても、学問をするという意味ではなく、知的好奇心を持ってさまざまなことを考えたり、したりするという意味です。

コグニティブ・リザーブは、「ナン・スタディ」と呼ばれる、修道女（ナン）の研究で有名になった能力です。ある修道女の脳を死後解剖したところ、アルツハイマー病と同じ程度まで萎縮していたのですが、彼女は100歳近くで亡くなるまで、修道女兼教師としての活動を続けていました。つまり、修道女兼教師としての活動ができるほど、認知機能が保たれていたということです。

このことから、日常的に頭を使っている人は、認知機能の予備力が高くなり、老化によって脳が萎縮しても、さほど認知機能が低下しないことがわかったのです。そして、脳卒中などを起こしたとき、同程度の損傷ならば、コグニティブ・リザーブが高い人の方が、認知機能に受けるダメージが軽いこともわかってきました。では、コグニティブ・リザーブが高ければ、アルツハイマー病などになっても認知機能がさほど低下しないのかというと、それはまだわかりません。ただ、そう主張する研究者はいます。

いずれにしても、家に閉じこもって計算問題や音読をしているよりは、外に出て知的好奇心を刺激すること。それによって生活習慣を変え、コグニティブ・リザーブを高めることの方が、〝ぼけ防止〟には効果的だと、私は思います。

老いに適応する

健康長寿は幻想？
できたことができなくなったとき、どうするかが重要。

よく、「健康長寿」とか「健康寿命」ということが言われます。「健康長寿を目指しましょう」とか、「健康寿命を延ばしましょう」と、国や自治体が言うのですが、ここでいう〝健康〟とは、どのような意味なのでしょうか？

健康寿命の定義はいろいろあって、ＷＨＯ（世界保健機関）と厚労省とでも違うのですが、厚労省では「日常生活に制限のない期間」を健康寿命としています。それによれば、日本人の健康寿命は男性が71・19歳、女性が74・21歳。平均寿命との差は、男性が約９年、女性が約12年です（２０１３年厚生労働省）。

しかし、〝健康〟と言ったときに私たちがイメージするのは、単に「病気や障害によって日常生活に制限がない」というだけでなく、ウエルビーイングな状態、すなわち「肉体的・精神的に健康で幸福な状態」ではないでしょうか。厚労省も一応、「客観性の強い、日常生活に制限のない期間」を主な指標に、「主観性の強い、自分が健康であると自覚している期間」を副指標にして、組み合わせて考えるとしてはいます。が、ウエルビーイングというときの〝幸福感〟が、そこからは抜け落ちているような気がします。医学的にはそれでいいのでしょうけれど、心理老年学的にはそこが問題なのです。

日常生活に制限がなくても、高齢になると年々心身が衰えていきます。「去年できたことが今年はできない」「五年前にはこれくらいできたのに、今はこれしかできない」ということがあるわけです。医学的には、年相応ならば、それは〝健康〟です。けれども、本人には以前との違いが歴然とわかりますから、日常生活に制限がない状態であっても、健康で幸福であるとは言い難いのです。

要するに、肉体的な機能だけを見れば健康長寿は実現可能かもしれませんが、心を持つ一人の人間として見たとき、健康長寿とは〝幻想〟に過ぎないのです。

さらに、厚労省の定義する「不健康な状態」、すなわち日常生活に制限のある状態であれば、本人が幸福でないかと言うと、そんなことはありません。日常生活に制限があっても、健康で幸せな状態だと感じることはできますし、実際にそのような人はたくさんいます。一例を挙げれば、足が悪くて歩行困難であっても、周囲からのケアがちゃんとなされていて、ご飯がおいしく食べられて、楽しいことがあれば、「健康で幸せ」と感じることはできます。

心理老年学では、いつまでも身体的に健康であることを目指すのではなく、健康が衰えても幸せでいるにはどうすればいいか、健康が損なわれたとき、それをどうとらえて、どう補償していくかが大事なのです。

たとえば、転んだことがきっかけで、外出するのが恐くなってしまったとき。閉じこもっていると、そのうちに歩くこと自体ができなくなります。そうなると、幸福感がさらに低下してしまいますから、外出が恐くないように、むしろ楽しみになるように、なんとかしなくてはなりません。まず、サイズもぴったりで機能的にも優れた、安心感のある靴を選ぶ。お洒落な杖や帽子などを買ってみる。友だちや家族といっしょに出かける。このように促進要因を増やして、ネガティブな気持ちをポジティブに切り替えることが大事です。

五感が衰えたときも、老眼鏡や補聴器を嫌がる人がいますが、不自由さを我慢していると、行動範囲が狭くなり、気持ちが動かなくなって、幸福感が低下していきます。老眼鏡はいくらでも種類がありますし、補聴器も小さくて目立たないものから、わざときれいな色柄をつけてアクセサリーのようにしたものまで、さまざまな種類がありますから、楽しみながら選ぶことができます。ネガティブなことをネガティブなままとらえるのではなく、気持ちを切り替えてポジティブにとらえることが重要なのですが、健康であることにとらわれていると、これができないのです。

外界と自分が合わないとき。
一次的コントロールで外界を変えるか、
二次的コントロールで自分を変えるか。

周囲の状況と自分の欲求が合わないとき、私たちが適応するために採る戦略は二つあります。一つは、自分の欲求や願望に合うように周囲の状況を変える「一次的コントロール」。もう一つは、周囲の状況に合うように自分の内面を変える「二次的コントロール」です。

たとえば、足が悪くて歩けなくなったとき。リハビリをして再び歩けるようになろうとするのが、一次的コントロール。それに対して、「今は電動車椅子だってあるし、歩くより楽でいい」と、自分の気持ちを変えるのが、二次的コントロールです。災害で家を失ってしまったとき、もう一度家を建てようとするのが一次的コントロール。それに対して、「仮住まいの方が気楽でいい」と、気持ちを変えるのが二次的コントロールです。

60代ぐらいまでは、一次的コントロールによって、周囲の状況に適応しようとすることが多いのですが、70代以降になると、二次的コントロールによって適応しようとすることが多くなります。周囲の状況を変えるだけの力がなくなるからで、それを自覚しているために、老人は無意識のうちに二次的コントロールをするのです。

実は、この二次的コントロールで周囲に適応することが、とても大事なのです。というのは、周囲の状況が自分の欲求や願望と合わないのは、ネガティブな状態だからです。二次的コントロールは、一見負け惜しみのようにも思えますが、意に沿わないネガティブな状況から受けるストレスを解消し、自分をポジティブに保つための大切な方法です。

ただし、二次的コントロールには、「そんなことを考えてもしかたがない」というネガティブなものもあります。歩けなくなったときに、「もう一度歩きたいと思っても無理だ。

どうしようもない」と思ったり、家を失ったときに、「家を建てるなんてとても無理だ。どうしようもない」と思ったりすること、要するにあきらめることですが、こうなると鬱的になってしまって逆効果です。そのため、先ほど例に出した素敵な靴や杖、おしゃれな補聴器といった〝誘因〟をうまく使う必要があるわけです。

年をとって徐々に心身が衰えていくとき、健康長寿を目指すとは、あくまでも一次的コントロールによって適応しようとすることです。しかし、そもそも年をとるとは、一次的コントロールをするだけの力がなくなることですから、根本的に無理なのです。無理なことに固執して「できない」と落ち込むよりも、上手に気持ちを切り替えて暮らす方が、幸せなのではないでしょうか。

3
ライフイベント「地域活動からの引退」

地域活動やボランティア活動から引退する

他者をサポートする立場からサポートされる立場に変わると、幸福感が低下する。

第1章で、人生100年を25年ずつ区切ると、50~75歳までの25年間は、本義を見つけ、自分が本当にしたいことをする期間だと述べました。では、その後の25年間、75歳からはどのような期間かというと、他者をサポートする側からされる側に回る期間、他者のサポートを受けながら、本義を追求していく期間です。

ただしサポートは、受ける側よりも提供する側の方が幸福感が高いという法則があります。そのため、サポートされる側になると、幸福感が低下してしまう危険性があります。ところが、それまでの期間に他者のサポートをしてきた人、人の役に立ったり社会の役に立ったりした経験のある人は、自分がサポートされる側になっても、幸福感がさほど低下しないのです。

というのも、自ら他者貢献、社会貢献をしてきたために、「人間とは助け合うものだ」という感覚が根付いていますし、「自分は社会に貢献してきた」という自負もありますから、「人の世話になりたくない」とか「人の世話になるなんて情けない」といった、内心忸怩《じくじ》たる気持ちを抱かずにすむのです。さらに周囲の人も、その人が長年社会貢献をしてきたことを知っていますから、喜んでサポートしてくれます。このようなことが相まって、他者からのサポートをネガティブなことではなく、むしろポジティブなこととして受け止められるのです。

したがって、75歳以降の期間を幸せに過ごすには、それまでの期間に地域活動やボランティア、もちろん仕事でもいいのですが、それらを通じて他者貢献、社会貢献をしておくことが重要です。しかし、残念ながら、そのような機会を持てずに75歳を過ぎてしまったら、どうすればよいのでしょうか?

心身の状態が許す範囲で、今日からでも他者貢献をするとよいと思います。たとえば手先が器用な人なら、編み物や縫い物をしたり、ちょっとしたオモチャを作ったりして、保育園や幼稚園にプレゼントする。園芸が好きなら、花や作物を近くの高齢者施設などに届ける。家の近くに落ちているゴミを拾うのでもいいと思います。できることは、たくさんあります。

また、手前味噌ではありますが、本書を読んだだけでも違うと思います。他者や社会に貢献することや、サポートすること・されることについて、まったく考えたことがない人と、本書を読んで考えたことのある人とでは、やはり受け止め方が違うのです。

孤立すると人は反社会的になる。
それが高じると、ゴミ屋敷になってしまうことも⁉

人の世話になるのをイヤだと思い、他者からのサポートを拒否していると、やがて孤立してしまいます。孤立とは、一人で暮らしていて、他者との関わりを避けようとするためソーシャルサポートが得られない状態をさします。孤立と孤独は似ていますが、孤独があくまでも主観的なものであるのに対して、孤立は社会的な関わりがないという客観的な状態をさします。

人は、もともと社会的な存在であり、社会に受け入れられたいという根源的な欲求を持っています。そのため、何らかの事情で孤立してしまうと、それが自分のせいだとしても、「受け入れられたい」という欲求を拒否されたと感じ、他者を避けるようになり、孤独と怒りを感じます。そして、反社会的になってしまうのです。

よく問題になる〝ゴミ屋敷〟も、そのようにして生まれることが多いと考えられます。おそらくきっかけは、分別の仕方がわからないとか、どの日に何を捨てたらいいかわからないとか、体調が悪くて捨てにいけないといった、誰にでもあることでしょう。しかたなく、適当な日に適当に分別して出しておいたら、自分のゴミだけ置き去りにされて、「回収できません」という札が貼ってあった。恥ずかしさをこらえて持ち帰ってみたものの、どうしたらいいかわからず、家の中に置いておく。そんなことが積み重なるうちに、家の中はゴミだらけ。「どうして私のゴミだけ回収してくれないのか」「なんで意地悪されるのか」「誰も助けてくれないんだから、臭いと言われたって知ったことか!」と、しだいに怒りが募り、どんどん頑なになっていきます。

こうなると、行政が手を差し伸べても、その手を取ろうとはしません。もちろん、同じような状況に置かれたとしても、全員が反社会的になるわけではありません。穏やかに暮らしている人の方が、圧倒的に多いのが事実です。しかし、何かがきっかけで孤立してしまうことは、誰にでも起こります。そんなとき、差し出された手をじょうずに取るには、普段から心の垣根を低くしておくことが大事です。

特に男性は、幼い頃から「人に頼るな」と、強いプレッシャーを受けて育っています。そのため、自分から他者に助けを求めることが、非常に苦手です。弱音を吐くのは男らしくないことであり、一人前の男がしてはいけないことだからです。さらに、心身ともに弱った状態で助けを求めることは、強い負債感を生みます。何かしてもらっても借りを返すことができないために、相手に対して負い目を感じるのです。しかも、そのことがあらかじめわかっているために、弱っていればいるほど助けを求めないというパラドックスが生じます。

このような〝男らしさの呪縛〟から抜け出るのは、容易なことではありません。自分の弱さをさらけ出さなければ呪縛は解けませんが、弱さをさらけ出すのは、男としてのアイデンティティが崩壊するような、重大なことだからです。では、どうすればこの呪縛から抜け出せるのでしょうか?

それには練習しかありません。親の介護や死、配偶者や自分の大病など、ネガティブなライフイベントが起こったときに、他者の手を借りる練習をしておくのです。困難を自分で解決しようとする気持ちは尊いものですが、それに固執すると、人生を最後まで幸福に生きることができません。人生の後半を幸せに生きるには、心の垣根を低くして自己開示すること、自分の弱さを人に見せられるようになることが重要です。

助けを求めることは、弱さの現れではありません。本当の強さとは、自分の弱さを他者にさらけ出せることであり、自ら声をあげて助けを求められることではないでしょうか。

友人に会うのが面倒になる

友だち同士で集まっても楽しくない。

どうして仲が悪くなってしまったのか?

60代の頃は、旧交を温めあって仲良くやっていたのに、なぜか最近、仲間割れすることが多くなった。友だち同士の飲み会や小旅行に参加しても、わがままを言う人が多くて疲れる。行っても楽しくないから、もう参加するのをやめようか……。70代になると、そんな風に、しだいに友人と疎遠になってしまうことがあります。いったいなぜ、そのような事態に陥ってしまうのでしょうか?

実は、その原因の一つには、脳の情報処理能力の低下が関係しています。親が、「あれをしてくれ、これをしてくれ」と依存的になるのは、年をとると脳の情報処理能力が低下して、たくさんの情報を一度に処理できなくなるからだと、前に述べました。人の行動には非常に多くの情報処理がともなうからですが、同じことが自分たちにも起こったのです。そのため、以前は分担して担っていた飲み会のセッティングや旅行の計画などが重荷になってしまい、「忙しいから」などと言い訳をして、役割を担わなくなる人がいるのです。

さらに、脳の情報処理能力が低下すると、周囲の状況に配慮することができなくなります。自分のことだけで精一杯になるからで、たとえば電車に乗るとき、人を押しのけて一目散に空席に突進する老人がいるのは、周囲の状況を気にするだけの認知の余裕がないからです。同様に、認知の余裕がなくなったために、友人同士の集まりでも「場所はここがいい」と自分の都合を言い立てたり、出かけた先で自分勝手な行動をとったりしてしまうのです。

要するに、脳の情報処理能力が低下して、一度にたくさんの情報処理ができなくなったために、気心の知れた友人に無意識のうちに頼ってしまう。あるいは、友人への配慮ができなくなる。それが〝わがままな行動〟に見えるのです。情報処理能力には個人差がありますから、先に低下し始めた人は、「前はあんな人じゃなかったのに、この頃わがままになった」などと言われてしまうわけです。

また、それを受け取る側の問題もあります。自分自身も友人たちと同様に、体力気力が衰えてきます。情報処理能力も低下しつつあります。そのため友人に頼られても、応えようとすると負担を感じる、あるいは応えることができないのです。とは言え、そこはやはり友人同士ですから、頼られれば応えたいという気持ちもあります。その葛藤がさらに負担感を増進させ、友人に会うと思っただけで億劫になってしまったりするのです。

年をとっても友人たちと仲良くつきあっていくには、心身がこのような状態であることを、互いに理解し合うことが大切です。自分が面倒くさいと感じるように、相手も面倒くさいと感じているのだと思えば、もともと仲の良い友人同士なのですから、補い合って楽しい時間を過ごすことができるのではないでしょうか。

4

ライフイベント「孫への援助」

子や孫に金銭的援助をする

孫に「教育資金」を贈与すると、家族の心理的な境界線が変わる。
それはよいことなのか？

教育資金としてなら、子や孫1人につき1500万円までは贈与税が非課税になる。こんな法律が、2013年4月から2015年12月末までの期間限定で施行され、さらに16年以降も継続されることになりました（教育資金の一括贈与に係る非課税措置）。この法律では、授業料や施設整備費、修学旅行や遠足の費用、学校を通して購入する物品費など、直接学校に支払う費用は1500万円まで、そのうちの500万円までは、学習塾や予備校の授業料、習い事の月謝など、学校以外の教育サービスへの支払いに当てることもできるとされています。

これは、個人金融資産の６割を持つと言われる60代以上の人から、現役世代にお金を還流させて、経済の活性化を図るという戦略に基づいた制度です。孫のためならお金を使っても惜しくない、という祖父母の気持ちをついた、巧みな戦略なのかもしれませんが、家族にとって本当によいことなのかというと、一概にそうとも言えません。

こんな話があります。夕食のあと、息子夫婦が話をしているところに、いったん自室に引き取ったお母さんが通りかかりました。「今度、家族で旅行に行きたいわね」とお嫁さんが言ったのを、お母さんが小耳に挟んで「いいわね、行きたいわね」と言ったら、お嫁さんが苦い顔をした、というのです。

親から見ると、息子は自分の家族です。さらに、息子の家族も自分の家族です。しかし、お嫁さんにとって家族とは自分と夫と子どものことで、夫の親は家族ではありません。親には留守番をしていてもらって、自分たち〝家族だけで〟旅行に行こうと考えていたわけです。たとえ同じ家に住んでいても、そこには心理的境界線があり、家族が二重構造になっているのです。

このお母さんは、心理的境界線を越えてしまったために、お嫁さんに苦い顔をされたのですが、この心理的境界線をきちんと把握していないと、トラブルが起こります。親が子どもに金銭的援助をする場合、お金だけ出して口を出さなければ、心理的境界線を越えたことにはなりません。ところが、お金といっしょに口も出すと、心理的境界線を越えてしまいます。特に、教育のような親がやるべきことに祖父母が口を出すのは、明らかな越権行為であり、争いの元になります。

本項冒頭で述べた制度に基づいて孫に教育資金を贈与する場合、初めから「教育資金」と限定されていて、しかも使い方もかなり細かく制限されています。つまり、祖父母にしてみれば、贈与することで「自分たちが孫の教育を担っている」という意識が生じます。子どもたちが何に使ってもいい、目的のはっきりしないお金を渡すのとは、わけが違うのです。

第一、大事な老後の資金のなかから何百万円ものお金を出しておいて、その使い道について、まったく口を出さずにいられるものでしょうか？　１５００万円などなんともないようなお金持ちならば、何も言わないかもしれません。しかし、普通はそうではないでしょう。「その大学より、こっちの方がいいんじゃないの？」とか、「文系じゃなくて理系にやるべきだ」とか、「音楽なんか習わせる必要はない」などと、つい言ってしまうのが人情というものです。心のなかに「孫の教育は自分たちが担っている」という意識があるために、口に出したり態度に出したりしてしまうのです。

また、これは教育資金に限りませんが、子どもに金銭的援助をすると、親の勢力が強くなります。本来、70代ぐらいになれば親は心身が衰えてきて、子どもの手を借りることが増え、子どもの勢力が親を上回るのが普通です。ところが、親がお金を出していると、いつまでたっても子どもよりも親の勢力が強い状態が続いてしまいます。その結果、親を家長とした一つの家族のなかに、子どもたちの家族が飲み込まれてしまい、心理的境界線が侵されて、やはりトラブルが起こります。

政府も金融機関もマスコミも、経済的効果だけを見てよいことのように言いますが、教育資金の贈与は、心理的には複雑な問題をはらんでいます。お金には、必ず心が絡んできます。「せっかくお金を出してあげたのに、何も言わせてもらえない」と怒ったり、「こんなことなら、お金なんかやるんじゃなかった」と悔やんだりしないためにも、家族には心理的境界線の問題があることを自覚しておいた方がよいでしょう。

世代継承性を考える

孫世代は不況の時代を生きる親の影響を受けている。
世代によって価値観は大きく異なる。

今の若者は優しいとか、頼りないと言われます。〝草食系男子〟という言葉が象徴するように、異性に興味がなく、物欲もなく、人と競争するのも嫌いな若者たちは、闘いながら競争社会を生き抜いてきた祖父母の世代から見ると、ふがいなく感じられるようです。祖父母にとって孫たちは、弱々しく頼りなく、やる気がないように見えるのです。

若者が草食系である原因としては、モノがあふれている時代に生まれたことや、ゆとり教育の影響などが言われていますが、バブルの崩壊以来ずっと続いている不況が、精神構造に大きな影響を与えているのだろうと、私は思います。というのも、親が経済的窮地に陥ると、情緒不安定になったり将来に対して希望が持てなくなったりするなど、子どもに大きな精神的影響が出ることがわかっているからです。

ただ、今の若者が異性への関心も物欲も競争心も心底ないのかといえば、そうではないでしょう。異性にもモノにも競争にも興味を示さないのは、それを望んでいないからではなく、望むとつらいからです。今の若者だって、本当は異性ともつきあいたいし、かっこいい車にも乗りたいし、遊びにも行きたいし、出世だってしたい。けれども、それが望んでも手に入らないとわかっているから、無意識のうちに心に蓋をしているのです。

望んでも手に入らない状態、我慢するとは、抑圧された状態です。その抑圧が日常的になり、脱する術がない以上、抑圧を意識するのは不快ですから、意識しないような方略を取っているわけです。すなわち、ガツガツしたり肉食系になったりしないことが、心を平安に保つためには大事なのです。それが祖父母の目にはふがいないと映るのですが、これは世代間に横たわる、どうしようもないギャップです。

けれども祖父母は、ギャップを意識せずに、ともすれば自分の価値観を押し付けようとします。正確に言えば、「押し付けよう」としているわけではなく、「孫のためによかれと思って」言っているのですが、これは逆効果です。

老人は、自分に自信があります。これまで70年以上も生きてきた自分の生き方や価値観を否定することは、自分自身を否定することであり、そんなことをすれば鬱状態になってしまいます。そのため、老人は基本的に自分の生き方に自信があり、自尊心が高いのです。さらに、老人は他者の役に立ちたいと思っています。仕事や地域貢献を通じて他者の役に立つことができなくなると、思いの矛先は家族に向かいます。自分が誰かの役に立つと思うことは、自分には生きている価値があると思うことであり、未来展望をよくしてくれるからです。

このようなわけで、祖父母は小言を言ったり〝人生訓〟を語ったりするのですが、孫が「うるさいなあ」とか、「そんなこと言っても、時代が違うよ」などと相手にしてくれないと、自尊心や自己肯定感が損なわれてしまいます。老人の未来展望をよくするには、言われた側が「メッセージは確かに受け取りました」ということを、言葉や態度で示す必要があるのですが、世代間ギャップを意識していないために、せっかくの言葉を受け取ってもらえないのです。

子や孫に何を継承するか。
大事なのは、生き方を見せること。

では、子や孫に自分の価値観を伝えるのはよくないことなのかといえば、そんなことはありません。世代を超えて何かを伝えること、すなわち「世代継承性」はとても大切です。ただ、世代間ギャップを超えられる価値観かどうかが、問題なのです。

高齢者の家計を調べた研究では、支出項目のほとんどは金額が減るのですが、交際費だけは増えていて、そのなかで大きな比率を占めるのが孫への出費です。このことからもわかるとおり、祖父母から孫への援助という場合、お小遣いをあげたり学費を援助したりすることが多いわけですが、本当に大事なことは精神的な援助だと、私は思います。

精神的な援助とは、困ったときに慰める、といったことではありません。もちろんそれも含まれますが、自分たちの生き方を見せることで、人間とは何か、人生とは何かを伝えることです。

私の研究室に、卒業研究のテーマに祖父母と孫の関係を選んだ学生がいます。祖父母から見た孫の機能と、孫から見た祖父母の機能を、それぞれアンケート形式で調査したものです。それによれば、孫から見た祖父母の機能で最も得点が高かったのは、「私に興味や関心を持ってくれる」「身体の具合を気遣ってくれる」「何があっても私を見捨てないと思う」という、自分にメリットがあることでした。当然と言えば当然なのですが、次いで高得点だったのは、「祖父母の姿から、人の死について考えてみることがある」「祖父母の姿から、自分が年をとったとき、どうなりたいか想像することがある」という項目でした。

孫は祖父母から、人の生き方や死に方を学んでいるのです。説教したり人生訓を語ったりしなくても、自分の生き方を見せることで、思いは充分に伝わります。祖父母が年老いても生き生きと暮らし、心身が不自由になっても幸せそうに生きていれば、孫もまた「自分もそのように生きたい」と思うのです。

また、孫はもちろん子どもも、親の人生にどんな出来事があり、親がそれをどう乗り越えてきたかといったことは、案外知らないものです。説教くさいと嫌がられてしまうかもしれませんが、それを物語ることは無意味ではありません。歴史の大きな流れのなかで自分がどう行動してきたかを語ることは、親にとっては自分を見つめ直すことであり、子や孫にとっては、親の人生を受け継ぐことになるのです。

世代間で継承するものには、個別世代性と一般世代性がある。
個別世代性だけで終わってはつまらない。

冒険家の三浦雄一郎さんは、２０１３年5月に史上最高齢の80歳で、三度目のエベレスト登頂に成功しました。70歳のときと75歳のときに続いての三度目ですが、そもそもなぜ70歳という高齢でエベレスト登頂に挑戦したかというと、山岳スキーヤーである父・三浦敬三さんの存在が大きかったのです。

三浦雄一郎さんは60歳のとき、もう冒険から引退しようと思い、厳しいトレーニングをやめて好きなだけ食べたり飲んだりする生活をしたのだそうです。その結果、１６４センチ90キロというメタボな身体になってしまい、たった５００メートルの山にも登りきれないという事態に。ところが、そんな息子を尻目に、90歳を超えた父の敬三さんは、99歳でモンブランの大氷河を滑ることを目標にして、険しい斜面を滑り続けていました。

この父の姿が、三浦さんの心に火をつけました。一念発起した三浦さんは、「70代で世界最強の男になってみよう」と、トレーニングを再開。見事、エベレスト登頂に成功します。父の敬三さんも、三度の骨折を乗り越えて、目標通り2004年に99歳でモンブラン滑降に成功。100歳のときにはアメリカで、自分と子・孫・曾孫の四代による滑降を行ない、これも話題になりました。夢を持ち続け、それに向かって突き進んで行く敬三さんの姿は、子の雄一郎さんのみならず、孫や曾孫にまで受け継がれているのです。

99歳でモンブランの氷河を滑降した敬三さんも、80歳でエベレストに登頂した雄一郎さんも、尋常ではないわけで、天野祐吉さん言うところの〝狂気〟だと、私は思います。これこそが本義だと言ってもいいでしょう。通常、子や孫に何かを継承する、生き方を伝えるというと、まじめなこと、正気の世界のことを伝えようと考える人が多いと思います。しかし、それだけではつまらない。特に、祖父母が孫に何かを伝えるならば、現役で働いている親にはできないこと、すなわち狂気の世界のおもしろさ、本義としての狂気の大事さを伝えるべきではないでしょうか。

親は、働く自分の背中を見せることで、子どもに正気の世界の価値観を伝えることができます。けれども、リタイアした祖父母に、それはできません。正気の世界の価値観を伝えようとすれば、どうしても説教くさくなってしまい、敬遠されてしまうのがおちでしょう。しかし、狂気の世界ならば大丈夫です。たとえば、リタイア後に再びバンドを組んで、ライブ活動をしている人がいます。祖父母がバンドを組んでいると知れば、孫は驚くだけでなく、その年になっても遊び心を持ち続けられることを知り、人としての喜びや楽しみがずっとあることがわかります。そして、自分のロールモデルとして祖父母を見ることができます。

このように狂気の世界――内容は趣味でもボランティアでも地域貢献でも何でもよいのですが――を突き詰めると、その狂気が家族のなかで世代を超えて継承されていきます。祖父母の生き方が、子や孫に受け継がれていくのです。さらに、もっとずっと突き詰めていくと、家族の枠を超えた世代継承性をもたらします。三浦敬三さんや雄一郎さんの生き方は、家族だけでなく他人にとっても素晴らしいものであり、その姿から受け継ぐものが、赤の他人にも、ひいては他人の集まりである社会にもあるからです。

世代継承性には、大きく分けて個別世代性と一般世代性があると、私は考えています。個別世代性とは、家族に継承していくことで、家や遺産、墓、しきたり、さらには孫自身もここに含まれます。それに対して一般世代性は、広く世間一般に継承していくことで、知識や伝統、社会への貢献などが含まれます。三浦敬三さんや雄一郎さんの生き方は、個別世代性を超えて、一般世代性にまで昇華されているわけです。

第3章

80代

喪失を乗り越え、新たな未来展望を持つ年代

80代は、人生のカウントダウンが始まる年代です。日本人の平均寿命が男性80歳、女性87歳ということもあり、多くの人が「80代までは生きられるだろうけれど、90代となるとわからない」と感じています。否応なく死を意識せざるを得ない年代ですが、高齢になればなるほど気分がポジティブになるという、老人特有の〝ポジティビティ効果〟で、心理状態はむしろ明るいのが普通です。

身体的には、何らかの病気や障害があり、認知症を発症することもあります。完全に自立して暮らすのが困難になり、他者の手を借りることが日常になります。さらに、施設に入居したり、子どもと同居したりすることもあります。健康長寿やアンチエイジングを金科玉条にしていると、そうなったときに喪失感から抜け出すことができず、新たな未来展望を持てません。したがって、この年代では身体が健康であることよりも、内面を充実させることの方が重要です。

また、配偶者の死、友人・知人の死など、重大な喪失も経験します。このような経験は、やはり未来展望を損ないます。このとき、喪失を乗り越えて新たな未来展望を持てるかどうかが、人生の終末期を幸福に生きられるかどうかを左右するのです。

1

ライフイベント「自分または配偶者が要介護認定される、認知症になる」

要介護になる、認知症を発症する

要介護や認知症になっても、
未来展望をポジティブにすることはできる。

要介護認定されたり認知症だと診断されたりすると、「自分はもうダメだ」と生きる意欲を失って、パジャマのまま服にも着替えず、家からも出ず、何もしなくなってしまう人がいます。これはがんの宣告を受けた場合も同様で、がんだと知らなければそれまで通り暮らせたのに、なまじがんだとわかってしまったために、自覚症状もないのに落ち込んでしまう人がいるのです。

ただ、要介護認定や認知症診断ががんと違うのは、それをしてもらわなければ介護保険が使えず、介護する人が困るという点です。がんならば、がんだと言われるのが嫌なら検診を受けなければいいわけで、検診を受けなくても医療保険は使えます。けれども、介護保険はそうはいきません。そのため、本人は本当は嫌なのに、家族に言われて認定や診断を受けることがあるのです。

要介護認定の際、家族はできるだけ要介護度を重く判定してもらった方が介護サービスをたくさん使えてありがたいのに、本人が頑張って普段はできないことまでしたために、要介護度が軽くなった、という話はよく聞くところです。本人は、要介護と判定されるのが嫌なのです。

要介護認定されたり認知症と診断されたりすると、なぜ生きる意欲を失うかというと、未来展望がネガティブになってしまうからです。特に認知症の場合は、悲惨なケースが多々報道されるため、自分の未来もそうであるような気がしてしまうのですが、それは情報に振り回されているところがあるわけです。

第一、認定や診断を受けたからと言って、今日の自分と明日の自分が違うわけではありません。何もできなくなるわけではありませんし、すぐに死ぬわけでもありません。何もできなくなるとか死ぬということで言えば、人は誰でもいつかそうなります。誰でも死ぬまで生きるだけなのです。それにもかかわらず、幸せな未来展望を持てないのは、要介護になったり認知症になったりしても幸せに暮らしている人を、知らないからかもしれません。いわば、ロールモデルがないのです。

けれども実際には、要介護でも認知症でも、ポジティブな未来展望を持って幸せに暮らしている人は大勢います。たとえば、ずっと看護師をしていて、60代で認知症と診断された女性がいます。60代で認知症だと診断されることは、70代、80代になって診断されるよりも、ずっと強い絶望感をもたらします。自分が老人だという自覚がまだなく、未来がたっぷりあると感じているときの宣告だからです。

しかし彼女は、「病院での勤務は無理でも、できるかぎり人の役に立ちたい」と言って、介護施設でボランティアをしています。デイサービスに通ってくるお年寄りのバイタルチェック、すなわち体温や血圧を測っているのです。さらに彼女は、カレンダーに子どもたちが訪ねてくる予定や夫と旅行に行く予定を記入し、一日が終わるごとに日付に×印をつけて、残りの日数を数えて楽しんでいます。

実は、未来展望をよくするには、短期的な目標と長期的な目標が必要です。長期的な目標は漠然としていることも多いのですが、これがないと未来展望がよくありません。というのは、目の前のスケジュールをこなすだけでは、なかなか生きる意味が見いだせないからです。要介護や認知症になると未来展望がネガティブになってしまうのは、長期目標が持てなくなることが大きいのです。

では、本当に長期目標が持てなくなるかというと、そうではありません。もと看護師の女性にとって、子どもたちに会うことや夫と旅行に行くことは、短期目標です。それに対して「できるかぎり人の役に立ちたい」というのは、短期目標ではなく、生きているかぎり持ち続ける長期目標であり、おそらくこれが、彼女にとって人生の本義です。

彼女も認知症である以上、いずれは介護施設でのボランティアもできなくなる日が来るでしょう。けれども、「人の役に立ちたい」という思いは、必ず彼女の心に残ります。人生の本義であり、強く願っていることだからです。その思いがなくなることは死ぬまでありません。その意味で、認知症が進んでも、彼女は長期目標を失うことはなく、明るい未来展望を持ち続けられると私は思います。

デイサービスやホームヘルプサービスを受けたくないのは、いったいなぜなのか？

80歳前後になると、たいていの人は「自分はもう人の世話をしてあげられない。してもらうばかりで申し訳ない」と、言い始めます。これは、まだ要介護になっていない、体力・気力ともにあるように見える人でも同様です。なんとなく弱気になるというか、世話をされる側になったという認識が出てくるようなのです。

ただし老人は、基本的にはポジティブです。心理老年学では昔から、老いそのものは誰にとってもネガティブなものなのに、そのただ中にある老人はポジティブであることが、大きな謎でした。これを老人特有の〝ポジティビティ効果〟と呼びます。あなたの周囲にも、100歳近い高齢なのに死を怖れることもなく、毎日ニコニコと過ごしている人がいるのではないでしょうか。

なぜ老人がポジティブなのかというと、老い先短いからです。人の気分はもともと、ネガティブとポジティブの中間ではありません。ポジティブ寄りであるのが普通なのですが、それは自分が死ぬことを知っているからだと考えられています。死ぬと知りながら生きるには、「自分には生きる価値がある」という自己肯定感や自尊感情が必要であり、老い先短くなると、この自己肯定感や自尊感情がだんだん強くなっていきます。そのため老人はポジティブなのです。

しかし、心身が衰えて不如意なことが増えると、やはりイライラします。しかも、要介護になってデイサービスに行ったりすれば、風船バレーや塗り絵など、子どものようなことをやらされてプライドが傷つきます。家にホームヘルパーを入れるのも、プライドが許しません。お手伝いさんならば、自分が雇い主であり立場が上ですから、よいのです。けれどもホームヘルパーは、自分を介護してくれる人であり、自分の方が立場が下だと感じます。そのため、無意識にプライドを保とうとして、ことさら居丈高になって使用人呼ばわりしたりして、嫌われてしまうのです。

このようなことは、災害時にも起こります。災害時には、まず支援物資が送られます。それを受け取るのは、いいのです。ところが日にちが経って、日常的に個別のサポートが入るようになると、サポートされる人とする人の間に対立が生まれます。サポートしてもらう方に負債感が生じ、立場が下になってしまうのです。

しかも、サポートを受ける被災者は、心のなかにネガティブな思いを抱いています。そのため、サポートする人に対して「あなたたちには、私たちの気持ちなんかわからない！」という思いが渦巻きます。すると、サポートする側は「わかってないのはそっちだ！　私たちの方が、よく知っているんだ」という気持ちになります。お互いにそう思わないとやっていられないからですが、この険悪な期間を乗り越えると、ようやく気持ちが通じ合うようになります。「自分のことではないのに、自分のことのように心配してくれる」と被災者が思うような、まるで友人同士のような対等な関係ができるのです。

介護の現場では、たとえばホームヘルプサービスも、毎回おなじ人が来るわけではありませんから、友人同士のような関係を築くのは、なかなか難しいかもしれません。しかし、真に相手の身になるという「当事者性」については、介護する人も悩んでいるのです。介護してくれる相手が「こちらの身になってくれようとして、悩んでいるんだ」と思えば、自分の方が立場が下だと思ったり、「どうせ俺のことなんかわかっていないんだ」と、すねたりする必要もないのではないでしょうか。

患者の会、家族の会に入る

配偶者が要介護や認知症になった場合。
悲惨な事態を招かないために、介護を社会化する。

要介護になったり認知症になったりすると、本人もつらいのですが、配偶者もとてもつらいものです。特に認知症は、できたことがだんだんできなくなるだけでなく、ここにいるのが配偶者だとわからなくなったり、財布が見当たらないのを配偶者のせいにして盗人呼ばわりしたり、「家に帰る」と言って家から出て行ってしまったりと、さまざまな症状があるために、介護する人も混乱します。

このようなときに大事なのは、第三者に相談し、その手を借りることです。ところが、なかには他者の助けを拒む人がいます。第2章で述べたように、特に男性は、弱音を吐いてはいけないと思っていることが多く、助けを求めないのです。しかし、これはとても危険です。介護は、介護する人の努力やかけた時間に比例して、相手がよくなっていくものではありません。どんなに手をかけても徐々に、あるいは急に、悪くなるのが当たり前です。そのため、なかにはそれが受け入れられず、「こんなに一生懸命やっているのに、なんでよくならないんだ！」と、相手に怒りをぶつけて虐待したり、絶望して心中を図ったりしてしまう人がいるのです。

そうならないためには、第三者の手を借りること、すなわち介護を社会化することが重要です。それにはまず、ケアマネジャーなど、介護の専門家に相談することです。なかには、介護関係者の言うことは軽視し、医師の言うことだけを重視する人がいますが、それはよくありません。医師が介護のことをよく知っているわけではありませんし、薬さえ出せばいいと思っているような人もなかにはいるからです。たとえば徘徊や昼夜逆転といった認知症の周辺症状は、医師に相談すると向精神薬などを出されることが多いのですが、薬は逆効果になることがあります。介護と医療、それぞれの専門家のアドバイスを、きちんと聞くことが大切です。

介護の社会化にはさらに、自分が他者に手を貸すことも含まれます。たとえば、奥さんが認知症の方で、市の「家族介護者の会」の会長をしている人がいます。彼は、初めのうちは奥さんの介護をしているだけでしたが、しだいにデイサービスの職員と仲良くなり、家族介護者の会にも参加するようになりました。そして、自分と同じような立場の人たちの手助けをするうちに、会長に推薦されたのです。

患者や家族の会は、「認知症の人と家族の会」をはじめ、各地にあります。病気別にもありますし、男性の会もあります。施設によっては、入居者の家族の会があるところもあります。介護の社会化には、そのような会に参加することも大事です。

最初は、どんな施設がどこにあるのか知りたい、何をどこで買えばいいのか知りたい、といった動機でかまいません。いわば、目に見える利益を求めて会に参加するのです。ところが参加するうちに、いつの間にか悩みや不安を仲間と共有して、気持ちが軽くなっているのに気づきます。目に見えない利益があるのです。

さらに参加し続けると、「感情の逆転」が起きて、ポジティブな気持ちになったり、喜びを感じたりできるようになります。同じような境遇なのにとても明るい人や、すごく大変なのにほかの人の手助けをしている人などを、見ることができるからです。そして、自分自身が仲間の影響を受けて明るい介護者になれば、今度は自分が仲間を明るい気持ちにすることができます。自分が救われることで、他者を救うことができるのです。

2 ライフイベント「施設に入居する、子どもと同居する」

施設に入居する

親を施設に入れるときは、入れるまでが葛藤。
自分が入るときは、入ってからが葛藤。

親を施設に入れるとき、子どもはアンビヴァレントな感情にとらわれます。負い目と安堵、寂しさと解放感など、相反する感情にとらわれて悩むのですが、それは親を施設に入れるまでのことです。親が施設に馴染み、穏やかに暮らしているのを見れば、そのような気持ちは徐々に薄れます。

では、自分が施設に入る場合はどうでしょうか？　自分が施設に入るときは、入るまでももちろん悩みますが、入ってからが葛藤です。というのも、誰でも最初の三ヵ月間ぐらいは「入居時不適応」になるからです。

なぜ、施設での生活に適応できないかというと、最大の理由は自由がないからです。介護付き老人ホームなどでは、集団生活が基本です。たとえ個室でも、食事の時間や入浴の時間は決まっていて、自分だけ夜中にお風呂に入ったりすることはできません。家で暮らしていたときには、好きな日の好きな時刻に好きなだけ入っていられたお風呂に、決められた日の決められた時刻に決まった時間だけしか入れません。食事も、メニューが選べるところもありますが、それでもせいぜい三種類程度で、好きなものを好きなときに食べるわけにはいきません。

そのため、集団生活という特殊な環境に適応できず、痩せたり、鬱になったり、認知症がある人は暴れたり、介護拒否をしたりするのです。しかし、個人のバラバラな欲求をいちいちかなえていたら、施設は回っていきません。したがって、施設側は「我慢するのが当然」と思っていますし、入居者自身も、実はそう思っています。そして、三ヵ月ぐらい経つと、慣れて落ち着くのです。

ところで、この「自由がない」状態とは、根本的にはどういうことなのでしょうか。みなさんは、「自由」とは何だと思いますか？

自由とは、「自己決定」です。別の言い方をすれば「自律」です。人間にとって自由とは、自分で自分のことを決められることであり、生きているかぎり自由でありたいと望むのが人間なのです。したがって、自律が侵されると苦痛を感じますが、今の介護は自律を重視してくれません。政府が〝自立〟重視で、健康寿命を延ばすことばかりに一生懸命だからでしょうか、介護も「自律支援」ではなく「自立支援」になっているところが多いのです。

では、自分が施設に入るときにはどうすればいいでしょうか？　できるだけ自律を大事にしてくれるところを探すことでしょう。施設の見た目やパンフレットの説明だけで判断せず、体験入居をしたりして、職員が入居者にどう接しているかを、直接見ることです。そして、入居者の自己決定を大事にしてくれるところを選べばよいと思います。

子どもと同居する

一世帯の中に二つの家族が同居する。
物理的境界線と心理的境界線を意識する。

子どもと同居すると、家族的生活圏が再構成されます。それまでは夫婦二人もしくは一人暮らしだったのが、子どもたち一家と一緒の、大きな生活圏になるわけです。ただ、完全に子どもたちと同じ生活圏かというと、そうではありません。子どもたちから見たら、親は自分たち家族とは別です。第2章の「4　ライフイベント『孫への援助』」で、お嫁さんが「今度、家族で旅行に行きたいわね」と言うのを小耳に挟んだお母さんが「いいわね」と言ったら、お嫁さんが苦い顔をしたという話を紹介しましたが、親から見たら自分の家族でも、子どもから見たらそうではないのです。

これを「世代境界」と言いますが、若い世代は世代境界に敏感なのです。そこに気づかないと、境界が溝になってしまいます。

最近、知人がこんなことを言っていました。孫娘がスマートフォンをほしがっていたので買ってやったところ、しばらくして息子から電話がかかってきて、「せっかく親父が買ってくれたのに悪いんだけど、解約してもいいかな」と言われたのだそうです。「スマートフォン経由のいじめが問題になっているから、持たせたくないんだ」と。

もちろん、よかれと思ってしたことではありますが、知人はそこに境界があることに気づかずに、息子の家族に侵入してしまったのです。娘にスマートフォンを持たせるかどうかは、子育てに責任のある親が判断することであって、あくまでも息子一家の家庭内の問題だったのですが、知人には境界線が見えなかったのです。世代境界という心理的な境界線に気づかないと、無神経だと受け取られて、子どもたちとの間に溝ができてしまうこともありますから、注意が必要です。

このケースとは反対に、世代境界をきちんと設けようとしたために、溝ができてしまうこともあります。何年か前に、二世帯住宅を建てて親と同居した友人がいました。息子一家は二階、親夫婦は一階に住み、それぞれにキッチンも作り、入り口も別にしたのだそうです。夫婦共働きで帰りが遅いため、親に迷惑をかけないための配慮でしたが、これが裏目に出てしまいました。お父さんが亡くなって一人になったことで、お母さんが家の中で孤立してしまったのです。

二世帯住宅は、一つの世帯の中に二つの家族があるとき、物理的境界をはっきりさせることによって心理的境界もはっきりさせ、トラブルを防ごうとした住居です。物理的境界とは、光熱費や食費などの家計費はどうするのか、食事作りや掃除はどうするのかといったこと。心理的境界とは、孫の教育はどうするのか、息子と嫁が喧嘩したときはどうするのか、といったことです。この二つの境界が曖昧だと互いに介入が起こり、トラブルになるのです。二世帯住宅は、このようなトラブル防止に効果的だと思われたのですが、心理的境界が曖昧なままになってしまうことや、友人の家のように物理的境界が心理的な溝になってしまうこともあって、なかなかうまくいかないのが現実のようです。

そのため今は、ぎりぎりになってから、つまり片親になったり、要介護状態になったりしてから同居する親が増えています。ただ、親が弱ってからの同居では、子どもの勢力が圧倒的に強いために、親は嫌なことがあっても口にできないことや、ケアがコントロールに変わるという落とし穴があることは、すでに述べました。互いに相手を思いやる気持ちから始まったことでも、無理をすればその先に待っているのは悲劇です。

それを防ぐには、元気なうちから子どもたちに、「頑張らなくていい」「公的なサービスをできるだけ使ってほしい」などと、自分たちの気持ちを伝えておくとよいのではないでしょうか。子どもたちと疎遠になっている人は、一緒に食事をしたり旅行をしたりして、関係を修復しておく努力も必要です。

3 ライフイベント「友人・知人の死」

充実ネットワークの喪失

友人の死で充実ネットワークを喪失しても、
内的世界を深化させることはできる。

高齢期には、「安心ネットワーク」と「充実ネットワーク」を持つことが大切だと言われています。安心ネットワークとは、言い換えればサポート・ネットワークで、困ったときや不安になったときに助けてくれる人がいるかどうかや、日常的に言葉をかけてくれる人がいるかどうかをさします。充実ネットワークは、趣味の仲間や友人のような、生きがいに関連するネットワークです。安心ネットワークを喪失すると人は孤立しますし、充実ネットワークを喪失すると人は孤独になります。

人は長生きすればするほど友人を見送らなければなりませんが、友人の死は充実ネットワークの喪失、すなわち孤独につながります。友人とは、同じ時代を生きて体験を共有した人ですから、友人が亡くなると、想い出を共有する人がいなくなってしまうのです。けれども、親が亡くなったときと同様に、友人が亡くなっても絆を持ち続けることはできます。心の中にいる友人に語りかけ、その存在を身近に感じることができれば、友人は生き続けているのであり、孤独にならずにすみます。

また、80代は70代よりもさらに生活圏が縮小します。出かけて行って仲間と何かをするというよりは、自分自身の内的世界を深める方向に気持ちが向いていきます。実際に友人と会うことができなくても、心の中の友人と会話し、自分にとって大事なことを追求すれば、内的世界は豊かになるのです。

ところで、老人は物忘れが増えるなど認知機能が低下するために、年をとると「知能」そのものが衰えると思っている人もいるようですが、それは間違いです。人の知能には加齢とともに衰える知能と、そうでない知能があります。加齢とともに衰える知能は「流動知能」と呼ばれ、そうでない知能は「結晶知能」と呼ばれています。

流動知能が年とともに衰えるのは、ハードウェアとしての脳の機能に左右される知能だからです。流動知能とは、計算の速さや図形処理などの、いわゆる情報処理能力なのです。それに対して結晶知能は、理解力や洞察力、内省力といった、経験に基づいて獲得し、思考の積み重ねによって高まっていく知能です。脳が一度にどれだけの仕事をこなせるかという情報処理能力ではないため、結晶知能は年をとっても衰えないのです。

しかも、洞察力や内省力の元になる経験や思考は、年をとるほど積み重なっていきます。年をとっても本を読んだり映画を観たり、亡くなった親や友人たちと会話を交わしたりして、内的世界での経験を積み、思考を重ねれば、結晶知能は高まり続けます。自分の内面を豊かにすることは、何歳になってもできるのです。

人間にとって本当に重要なのは、情報処理能力ではありません。計算の速さならば、人はコンピュータにかないません。人間にとって本当に重要なのは、〝賢者の智恵〟と呼ばれるような、鋭い洞察力や深い理解力でしょう。それこそが結晶知能であり、結晶知能は生涯高めることができるのです。

若い頃のアイドルやスターの死

青春時代の自由な未来展望と決別して、
老年期を生きるための未来展望を手に入れる。

若い頃に大好きだったアイドルやスターが亡くなると、私たちはまるで自分の一部を失くしたようなショックを受けます。身近な人の死であっても、親は世代が違うために、その死を自分の死と重ね合わせることはありませんが、アイドルやスターの死は、自分と重ね合わせてしまうのです。

なぜかというと、一つには、アイドルやスターは「エゴ・インボルブメント」の強い対象だからです。エゴ・インボルブメントは「自我関与」と訳されますが、自分がその対象にとらわれていることを意味します。対象は人とは限らず、たとえば車が大好きな人は、車にエゴ・インボルブメントが強いわけです。若いとき、私たちはアイドルやスターに自分自身を投影したり、近づきになれるかもしれないと考えたりすることで、強いエゴ・インボルブメントを持ちます。そのため訃報に接すると、自分の人生の大事な一部分を失くしたような気がして、ショックを受けるのです。

ショックを受けるもう一つの理由は、若い頃のアイドルやスターの死によって、青春時代が終わったことをはっきりと感じるからです。

青春時代とは、実現性を無視した豊富な未来展望を持てる時代です。つまり、実現可能かどうかなど問題にせず、いくらでも自由に未来を描けるのが青春時代であり、自分がスターになったり、スターと恋人同士になったりするという未来展望を持つのも自由であったのが青春時代です。ところが、アイドルやスターが亡くなったことで、その自由、実現性を無視した未来展望を持つ自由が断たれてしまったことを、自覚せざるを得なくなります。すなわち、もう二度と青春時代の自由が手に入らないことを、知るのです。

ただ、青春時代の自由な未来展望は、自分がこれから個性を獲得するためのエネルギーですから、老年期にそのような未来展望を持てないのは、しかたがないことです。その代わりに、老年期には老年期の未来展望があります。数は少なくても大切な、広がりはなくても深さのある未来展望を持つことはできます。では、どこでそのような未来展望を手に入れるかというと、それは自分の心の中です。

自分の心を見つめて、自分でも知らなかった新たな自分を見つけること。自分が好きで続けてきたことを、もっと深めること。知的好奇心を持ち、結晶知能を高めること。そのようなことが、老年期の未来展望につながっているのです。

4 ライフイベント「配偶者の死」

死別による喪失感と、死の受容

配偶者が危篤状態になったとき。
人は不安と混乱のなかで、喪失への心の準備をする。

知人がこんな話をしていました。お母さんが脳動脈瘤破裂で倒れ、救急車で運ばれた翌朝、残されたお父さんがしたことは、五時に起きてみそ汁を作ることだった、と。

この気持ちはよくわかります。おそらくお父さんは、長年連れ添った妻がこれからどうなるかわからない、亡くなるかもしれないし、寝たきりになるかもしれないという状況に置かれて、不安と混乱に見舞われたのでしょう。どうなってしまうかわからないのは、妻の容態もそうですが、自分自身の心の状態もそうです。これから自分の心がどうなるか予測できないために、それ以外の予測できること、何を食べるか考えなくてはならないとか、食事を自分で作らなければならないといったことを、したのです。

それはまた、それまで妻がしていたことを自分がすることで、無意識にではありますが、喪失を事前に感じようとする行為だったのかもしれません。妻を喪失してしまうことへの、心の準備だったのかもしれないのです。ということは、裏返せば、心の準備がまるでできていなかったということでもあります。多くの場合、男性は妻を先に亡くすとは思っていません。そのため心の準備ができていないわけで、準備できていないから自分の心がどうなってしまうのか予測がつかず、非常に苦しいのです。

それに対して女性は、夫が先に亡くなることを予測している人が多いような気がします。夫の方が年上である場合が多く、しかも女性の方が寿命が長いからでしょうか。ただし、予測しているからといって、混乱しないわけではありません。さらに、予測がつくからこそ、亡くなるまでの間がとても不安だということもあります。喪失の不安を、ずっと抱え続けなければならないからです。

とは言え、予測していた人の方が、実際に配偶者が亡くなってからの立ち直りは早いかもしれません。事故や災害などで突然配偶者を亡くすと、いつまで経っても死が受け入れられず、なかなか立ち直れないことがあるのです。

また、配偶者を亡くす年齢によっても、その後の立ち直りに差が出ます。一般的には、若いときの方が立ち直りが早いようです。先日、80歳になって夫を亡くした人が、こう言っていました。「この年になると、二人でようやく一人前の生活ができていたから、夫に先立たれてからは、毎日とても大変です」と。高齢になっても夫婦揃って暮らしていると、端からはうらやましがられます。けれども、必ずどちらかが先に逝き、どちらかが残されます。そのときに、立ち直ろうとする意欲が持てなかったり、日常生活ができなくなってしまったりするのです。

そんなときは、周囲が気を配って、手を差し伸べなければなりません。若ければ自分一人で立ち直れるかもしれませんが、80歳を超えてから一人で立ち直るのは、とても難しいことなのです。しかも配偶者は、安心ネットワークと充実ネットワーク双方のトップに位置しています。したがって、配偶者を亡くすとは、孤立と孤独の危機にさらされることでもあるのです。

本項冒頭で紹介した知人のお父さんは、結局妻を亡くしましたが、知人がしばらくの間泊まり込み、さらに半年ほどの間、毎日電話をかけたそうです。このように子どものサポートが受けられればよいのですが、子どもがいない人などは、友人知人やご近所に助けてもらったり、民生委員や自治体からのサポートを受けたりする必要があります。そのためには、日頃から心の垣根を低くして自己開示し、自分という存在を知ってもらっておくことが大切です。

悲しみは、止めてはいけない。こだわりすぎてもいけない。
絆を持ち続けることが重要。

配偶者の死は、ストレス度が最高点（100点）のライフイベントです。つまり、配偶者の死は心理的に最も苛酷な出来事とされているわけで、これをうまく乗り越えるのはとても大変です。

配偶者を亡くした悲しみは、文字どおり自分の半身を失ったような強い悲しみです。この悲しみは、抑えてしまってはいけません。悲しむことを怖れるあまり、悲しみに蓋をしてしまう人がいますが、このとき充分に悲しまないと、悲しみが未処理のままくすぶって、かえって長い間苦しむことになります。配偶者を失ったときは思い切り泣いて、充分に悲しむことが大事です。

ただし、悲しみにとらわれすぎてもいけません。配偶者を失くしたことにとらわれすぎると、「病的悲嘆」、専門的には「複雑性悲嘆」と言いますが、これに陥って立ち直ることができなくなってしまいます。病的悲嘆とは、嘆き悲しむ気持ちが長期にわたって激しく続くことです。具体的には、亡くなった人のことが何年も頭から離れない、亡くなったという事実を受け入れられない、落ち込んだ気分から脱せないといった状態で、こうなると専門家の治療が必要です。

では、どうすれば病的悲嘆に陥らずにすむかといえば、死によって絆が断ち切られたと思わないことです。絆は続いていると思うこと、すなわち「コンティニューイング・ボンド」が重要です。これは親の死や友人の死の際にも出てきましたが、配偶者の死という苛酷な状況では、特に大きな意味を持ちます。肉体は消滅しても、配偶者の想い出が自分の心の中に生き続けているという事実を、しっかりと認識すること。姿は見えなくても生きている、と感じることが大切です。

近頃は、仏壇のある家が少なくなりましたが、実は仏壇に向かって手を合わせたり、水

や ご飯を供えたりすることは、絆を持ち続けるのに役立ちます。仏壇がなければ写真でも形見の品でもよいのですが、それに向かって手を合わせるとき、私たちは無意識のうちに故人に語りかけます。「こちらはみんな元気だから、心配しないでね」とか、「孫が就職したよ」などと、心のなかでつぶやいているのですが、こうすることで自然に絆を持てるのです。

また、生きている間にどのような絆を持てたかが、亡くなった後にどのような絆を持てるかにかかわってくるという研究もあります。具体的には、亡くなる前に配偶者がどういう思いでいるかを聞いたり、自分の気持ちを相手に伝えたりしたことがある人は、亡くなった後もうまく絆を持ち続けることができます。実際には、急に倒れて意識不明になってしまう人もいるわけで、緊急事態に陥ってからでは、なかなか難しいかもしれません。可能であれば日頃から、自分にとって相手がどんな存在であるか、互いに気持ちを伝え合っておくとよいのではないでしょうか。

宗教やあの世との親和性が高まる

周囲の人が次々に亡くなっていく。
心のなかに「あの世」を持つと楽になる。

昨年、大学時代のゼミの先輩が亡くなりました。まだ60歳を過ぎたばかりでしたが、がんで、あっと言う間でした。

その先輩は、父親を早く亡くしたために、ゼミの指導教授を自分の父親のように慕っていて、卒業後もずっと親しくしていました。身の回りの世話もなにかとしていたようで、指導教授が七、八年前に亡くなったときには、その講義ノートを彼が受け継ぎました。そして、なぜか亡くなる前の年、受け継いだままになっていたノートをすべてPDF化して、ゼミのOB全員に配ったのです。配り終わったのが秋で、がんが見つかったのが年明け、亡くなったのが春になる少し前のことでした。

彼の訃報に接したとき、私たちは、「先生が彼を待っていたんだ」「もう来てもいいよと、先生が言ったんだ」と、口々に言いあいました。私もそうですが、ゼミの仲間も、普段は自分が死んだらあの世に行くなどとは、まったく思っていません。けれども、若くして亡くなった先輩の死を、どう心のなかで処理しようかというとき、そのように解釈することで自分を安定させたのです。

そして私は、単に言葉の上だけでなく、「先生が彼を迎えてくれた」ということを、もっと信じてもいいのではないかと思いました。「先生のところに行けたんだ」と思われた方が彼にとってもいいでしょうし、私たちも、彼の死によって心に空いた穴を埋めるには、そう信じた方がいいのです。

宗教のある国や人は、そのような解釈の仕方が、システムとしてできています。たとえばキリスト教では、死ぬことを「神に召される」と言いますが、それはとてもうらやましいことです。宗教を持たない私たち大多数の日本人は、年老いて周囲の人が次々に亡くなっていったりすると、それをどう受け止めるかが、とても大きな課題になるからです。

私たち日本人は、「死んだら無になる」とか、「単なる物体になる」と思いがちですが、そう思うよりも、死んだら親や配偶者や友だちに会えると思う方が、気持ちは楽です。それは、特定の宗教に入るとか、特定の何かを信じるということではありません。自分の心のなかに、「あの世」を持てばいいのです。

これは、亡くなった人に語りかけること、つまり絆を持ち続けることと同じです。遺影に向かって心のなかで語りかけているとき、私たちの心のなかにあの世があると言ってもいいのです。たとえば、亡くなった夫や妻に水やご飯を供えながら、語りかけているとき。私たちは、配偶者だけでなく、想い出に残っているさまざまな人に向かって話しかけているはずです。そして、その人たちが「あの世でどうしているかな」などと思ったりしています。すなわち、心のなかにあの世があるのです。

こうしたことは、私たちにとって、自分の死を受け入れる準備になっているのでしょう。亡くなった人との絆を保ち、心のなかにあの世を持って話しかけることが、自分とあの世を近くしてくれる。親や配偶者と対話することで、自分の死が恐くなくなる。神様仏様と話すことで、自分の死を受け入れる準備が整う。そんな風にして、老いていければ幸せではないでしょうか。死やあの世が身近になることは、決して悪いことではないのです。

第4章

90代〜

知的好奇心を持ち続け、内在的生活圏を深める年代

90代以上は、人生の完熟期です。この年代になると、配偶者や友人知人が亡くなり、同世代の人が周りにほとんどいなくなります。さらに身体も弱って、他者のサポートなしには生きられなくなります。そのため、孤独感や苦しみを強く感じるのではないかとか、精神活動も衰えるのではないかと思われがちですが、決してそうではありません。

身体機能の衰えによって生活圏は縮小しますが、知的好奇心を持ち続けることによって、内在的生活圏、すなわち内的世界を深化させることができます。また、亡くなった配偶者をはじめとする〝見えない人たち〟とのつながりを強く感じるようになるため、孤独感をさほど感じません。老人特有のポジティビティ効果も進み、それまで以上に幸福感を感じやすくもなります。

身体機能が衰えても豊かな精神性を持ち、幸福に生きる長寿者は、若い世代に希望を与えます。熟した果実が生きものに恵みを与えるように、完熟期を迎えた人は、周囲の人に大きな恵みをもたらすのです。

1 ライフイベント「歩けなくなる」

思い通りに体を動かせなくなる

車椅子になっても人生に愛着があれば大丈夫。
問題は、未練を断ち切ったとき。

歩けなくなると、日常生活がとても不自由になります。車椅子を使えば移動はできますが、ちょっとした段差でも他者の手を借りなければなりません。そのため、有能感や自己効力感が低下してしまうのですが、それよりももっと問題なのは、自尊心が傷つくことと、人生への未練がなくなってしまうことです。

人間は、子どもの頃からずっと、自立して生きることを求められます。「人に頼るな」

と言われながら育ち、身体的にも精神的にも経済的にも自立したところで〝一人前〟と認められ、人間としての自尊心を抱きます。そのため、人の手を借りなければできないことが出てくると、一人前の人間ではないという感じがして、自尊心が傷つくのです。

そして、人に同情されて自尊心がさらに傷つくのを恐れ、「一人前でない、情けない自分の姿を人に見られたくない」という気持ちになります。さらに、日本人特有の〝恥〟の意識も拍車をかけます。こうなると、たとえ手を貸してくれる人がいても、電動車椅子があっても、外に出ようとしなくなります。外にも出ず、家に閉じこもって「自分はもうダメだ」と思っているうちに、だんだん生きる意欲を失っていくのは想像に難くありません。

このような状態になってしまう人がいるのは、日本人があまりにも「自立」を重視してきたせいだと、私は思います。政府が〝自立〟重視で、健康寿命を延ばすことばかりに一生懸命なために、介護現場でも「自律支援」ではなく「自立支援」が重視されていることは、先に述べた通りです。自立していることがよいことであり、介護は自立するための援助だと、介護する方もされる方も思ってしまっているために、自立できなくなった人は介護されることで自尊心が傷つくのです。

これはおかしな話で、介護とは自立できなくなったから受けるものであって、そこで支援されるべきは、「自律」です。つまり、歩けなくなった人を歩けるようにするのが介護ではなく、歩けなくても「出かけたい」という人の意志を尊重し、それをかなえるための援助をするのが、本当の介護です。

まあ、それはさておき、歩けなくなったときに「出かけたいから、車椅子を押してほしい」と人に頼めるかどうかは、その人が人生に愛着を持っているかどうか、まだ未練があるかどうかにかかっています。「自分はもうダメだ。人の世話になって惨めな姿をさらすぐらいなら、このまま死んだ方がいい」と、人生への愛着を失い、未練を断ち切ってしまうと、その後の人生がつらいものになってしまいます。

「まだ芝居だって観に行きたいし、旅行にだって行きたい」とか、「外に出て青空を見るのは素晴らしい」などと、人生に愛着を持っていれば、たとえ車椅子になっても、その後の人生を豊かに生きることができます。思うように身体が動かないと、人は弱気になってしまうものですが、そのために自律まで失ってはいけません。

食べることは生きることの本質にかかわっている。
年をとっても食べる意欲を持ち続ける。

私がよく訪問する特別養護老人ホームに、112歳の人がいます。私の研究仲間が、その人を訪ねたときのことです。彼が「こういう調査をしています」と、説明しているときはうつらうつらしていたのに、お土産の最中を見せたとたん、目を輝かせて食べ始めたのだそうです。「ああ、これだけ食べる意欲があるのだから、この人は長生きすると思った」と、彼は言っていました。まさにその通りだと、私も思います。食べることは、生きることの本質にかかわっているのです。

ところで、みなさんは「8020運動」をご存知でしょうか？「80歳になっても20本以上自分の歯を保とう」という、厚労省と日本歯科医師会が推進している運動で、20本以上自分の歯があれば、咀嚼に不自由しないということです。運動開始の1989年には、80歳以上の人で20本以上自分の歯が残っている人は約7%、歯の残存数は平均4~5本だったそうですが、2007年には20本以上ある人が25%に達したそうです。人の歯は全部で

28本（親知らずを入れると32本）ですから、20本ということは、7割の歯が残っているわけです。

なぜ歯が大事かというと、一つには栄養摂取の問題があるからです。歯が悪いと硬いものを食べられなくなりますが、その代表は肉です。肉は、穀物や芋類や魚などに比べると硬く、歯が悪いと食べにくいのです。けれども、肉はとても栄養価の高い重要な食物です。肉はコレステロールが多いから控えるべきだとか、年をとったら魚の方がよいなどと思っている人が多いのですが、特別な持病がある人は別にして、高齢になったら毎日肉を食べた方がよいのです。というのも、肉は高齢者に不足しがちなタンパク質が豊富なだけでなく、鉄分や脂肪なども多く、栄養素が効率的に摂取できるからです。

長生きする人は肉が好きだとよく言われますが、実はそれは逆で、肉を食べるから長生きなのです。三浦雄一郎さんは毎日肉を食べるそうですし、日野原重明さんもよく肉を食べることで知られています。森繁久彌さんや森光子さんも、肉が好きでした。

高齢になると自然に食べる量が減りますし、歯が悪いと食べることそのものがストレスになります。特に、よく噛まないと食べられない肉は、敬遠しがちになります。そして、さらに食べる量が減るという悪循環に陥ってしまいます。こうなると、筋肉が減少するサルコペニアをはじめ、ロコモ、フレイル、老年症候群などが進行してしまうのです。

歯があれば、ストレスなく物を食べられますから、食べることが楽しいという効果もあります。そのためにも歯を大事にしなければいけないのですが、たとえ自分の歯がなくても、入れ歯をきちんと作ったりして、おいしく食べることが大事です。食べ物を「おいしい」と感じることは、「またおいしいものを食べたい」「もっとおいしいものを食べたい」という人生への未練や、「おいしいと感じることは素晴らしい」という人生への愛着となって、生きる意欲を増してくれるからです。

食べるとは、生物としての根源的な欲求であり、それが満たされることは大きな喜びです。人は食べることで生命を維持できると同時に、食べたいと思うこと、おいしいと感じることで、生き続ける意欲を持てるのです。


目が見えないと情報量が少なくなる。

耳が聞こえないと孤独になる。


90代以降になると、目が見えなくなったり耳が聞こえなくなったりする人もいます。70

代ではまだ抵抗があって補聴器などを拒否していた人も、このくらいになるとたいてい使うようになりますが、補助具を使ってもうまく見えないとか、聞こえない状態になることがあるのです。

人は、情報の八割程度を目を通して得ています。そのため目が見えなくなると、入って来る情報量が少なくなって、知的好奇心を満足させるのが難しくなることがあります。また、交際範囲も狭くなります。

耳が聞こえない場合は、孤独感が高まります。なぜかというと、人の気持ちは表情よりも声のトーンに出るため、相手の気持ちが理解できなくなって、他者とつながっている感じが持てなくなってしまうからです。さらに、周囲の人から見たときに、目が見えない人はすぐにわかりますが、耳の聞こえない人は話してみないとわかりません。そのため、必要な援助が受けられずに、孤立するケースもあります。

老化によって目や耳が悪くなったとき、「もう年だからしかたがない」とあきらめてしまうと、知的好奇心が持てなくなったり、孤独になったりしてしまう可能性があるわけです。したがって、たとえば目が見えづらくなったら、きちんと検査をして、白内障なら白内障の治療をする。耳が聞こえづらいときは聴力検査をして、治療可能ならば治療をし、適正な補聴器をつける。それまで使っていた眼鏡や補聴器が合わなくなっていることもありますから、不具合を感じたらがまんせずに、医師に検査をしてもらうことが大事です。

高齢になると、五感はすべて衰えます。足腰や五感などの衰えを感じると、気持ちも衰えてしまいがちですが、今は身体の衰えをカバーする補助具がいろいろあります。老いに抵抗するというのではなく、老いとともによりよく暮らすために、補助具を使って不便を解消する。そのような積極的な姿勢を持つことが、何歳になっても大事なのです。

2

ライフイベント「金銭管理を他者に委ねる」

通帳や財布を他者に預ける

金銭は、社会的勢力の象徴。
金銭を他者に委ねると、自己効力感や自尊心が損なわれる。

年をとると、自分で金銭管理ができなくなって、通帳や財布を他者に預けることがあります。多くの場合は子どもですが、甥や姪などの親族や、後見人などに預けるケースもあります。いずれにせよ、自分で金銭管理ができなくなると、社会的な自立度が低下します。なぜ、社会的な自立度が下がるかというと、金銭による社会とのつながりを、自分で維持できなくなるからです。たとえばどこかへ出かけるにしても、お金を自分で払えないために、誰かに連れて行ってもらわないと出かけられない、といった状態になるわけです。

これは、身体が不自由なために出かけられないのとは、また別の問題です。出かけられないという状況は同じでも、人は社会的な動物なのに社会的な行為ができなくなるということが、心理的に非常に大きな問題なのです。人は、成長とともに社会的な関係を築き、社会的ネットワークを拡大していきます。ところが、金銭管理ができなくなったことで社会との関係が切れてしまうと、拡大してきた自我が一気に縮小し、自立だけでなく自律感も損なわれてしまうのです。

と同時に、金銭は社会的な勢力の象徴ですから、金銭管理ができなくなると、社会的な勢力を失います。そうなると、他者に働きかけることができなくなり、お金がなくても世話をしてくれる家族など、ごく親しい人としかつきあえなくなってしまいます。この状態が続くと、自己効力感や自尊心が損なわれて、身体はなんともないのに閉じこもりになってしまったり、鬱状態になってしまったりすることがあります。

それを防ぐには、金銭管理ができなくても外の世界とのつながりを維持し、社会的な関係を保ち続けるための工夫が必要です。たとえば、必要なものがあるとき。誰かに必要なものを買ってきてもらうのでは、用は足りても社会とのつながりは保てません。誰かに一緒に行ってもらって、一緒に買い物をすることで、社会とのつながりが保てます。お金が必要なときも同様です。誰かに銀行に行って引き出してきてもらうのでは、社会とのつながりを保つことはできません。お金が下ろせないことが問題なのではなく、つながりが切れてしまうことが問題なのですから、誰かと一緒に銀行に行って、目の前でお金を下ろしてもらえばよいのです。

施設を訪ねたりするとよくわかるのですが、みなさん最後まで、お金のことはとても気にします。認知症の人も、入居しているからお金は要らないのですが、「泊めてもらうのにお金を払わないといけない。私のお金はどこですか?」などと、よく言います。おそらく、泊めてもらう、すなわち他人に何かしてもらうときに、プライドを保つにはお金の力が必要なのです。タダで何かをしてもらうことは、施しを受けることであり、自分が弱者であることを認めることだからです。

3

ライフイベント「寝たり起きたりの毎日になる」

想い出に生きる

子どもの頃のことや親のことをしきりに思い出す。見えない人たちとのつながりを感じる。

100歳を超える長寿者のことを「百寿者」と呼びますが、みなさんは百寿者が日本にどれくらいいるかご存知でしょうか？　統計を取り始めた1963年には153人だったと聞けば、今は1000人か2000人ぐらいだと思うのではないでしょうか。ところが、2014年現在、百寿者はなんと5万8820人。51年間で384倍に増えました。しかも、2050年には69万6000人に達すると推計されています（国立社会保障・人口問題研究所)。日野原重明さんが、インタビューに答えて「100歳なんて、当たり前ですよ」と言っていましたが、本当に当たり前になる日も、そう遠くはないようです。

ただ、百寿者のうち、身の回りのことが一応自分でできる人は二割程度です。つまり、100歳を超えるほど高齢になると、自分で動くのが困難な人が多いのですが、ではその人たちがネガティブな気持ちでいるかというと、そんなことはありません。身体機能がしだいに低下するにもかかわらず、80〜90歳ぐらいを境にして、今の暮らしへの満足感や幸福感が高まっていくのです。

70代ぐらいのときは、身体機能が低下してできないことが増えるとイライラしたのに、90歳近くなると否定的感情がなくなって穏やかな気持ちになり、百寿者ともなると、あらゆることに幸せを感じる「多幸感」を抱く人が多くなるのです。また、亡くなった配偶者や親兄弟など〝見えない人たち〟とのつながりを強く感じるようになり、孤独感はあまり感じなくなります。この不思議な心理状態は「老年的超越」と呼ばれ、近年注目されています。

長生きする人の性格は、女性は明るく多少わがままな〝大阪のおばちゃん〟のようなタイプ、男性はわりに几帳面で自分を曲げないタイプが多いようです。〝わがまま〟というと悪いことのようですが、これは自分で決めて自分の好きなように動くということですから、言い換えれば自律度が高い状態です。たとえば、「あの人、なんだかしょんぼりしているわね」と思ったら、突然相手の都合など聞かずに元気になりそうなことをどんどんやる、といった人です。

男性の場合は、何時に起きて何時に何をしてと、日課が決まっていてその通りに生活しているような人。実際、こんな人がいました。研究者が面会を申し込んだら、「午後四時頃に来てくれ」と言われたので、なぜかと思ったら、「五時になったらお酒を飲むから」とのこと。もう100歳を超えているのですから、何時から飲んでもかまわないようなものですが、五時までは飲まないと自分で決めて、それを崩さない。「一時間ぐらい話をしたら、五時からいっしょにお酒を飲みましょう」ということだった、というわけです。

90歳を超えるような長寿者の一日の過ごし方は、一方では日野原重明さんのような活動的な人もいますが、うつらうつらしていて時おり目覚めるとか、一～二時間寝て一～二時間起きることの繰り返し、という人もいます。ただ、身体は動かなくても、目覚めていれば脳は勝手に働きますし、人は起きているのに何も考えずにいることはできません。さらに、高齢になると目や耳が悪くなって外界からの情報が入りにくくなるために、どうしても自分自身の思考に注意が向きます。身体活動は低下しても、精神活動は活発である可能性が高いのです。

では、このとき長寿者は、いったい何を思っているのでしょうか？　私たちは、何もすることがなくボーッとしていると、気になっていることや心配していることが心に浮かんでしまいがちですが、長寿者はそうではないでしょう。年をとるほどにポジティブな心理になるのが人間ですから、ネガティブなことはあまり思い出さないはずです。また、人には青春時代のことを最もたくさん思い出す「レミニッセンス・バンプ」という現象があります。これは、青春時代には強い感情をともなう出来事が多いからで、強い感情をともなう記憶、すなわち自分にとって大事なことは、年をとっても薄れません。

老人が「昔のことはよく覚えている」と言われるのはそのためで、老化で脳が衰えても、認知症になっても、若いときに経験した大事なことは、想い出としていつまでも残っています。したがって、長寿者が思い出す想い出とは、たとえば子どもがまだ小さく、一生懸命子育てをしていた頃のことなど、自分にとってとても大事で、強い感情をともなう出来事なのではないでしょうか。

言い換えれば、90歳、１００歳になっても思い出すことは、その人にとっていちばん大事な想い出なのです。だからこそ、亡くなった配偶者や親兄弟のことをしきりに思い出し、彼らを身近に感じるのだ、とも言えるでしょう。長寿者は人生でいちばん大事な、そしてポジティブな想い出の中に、生きているのです。

内在的生活圏を深化させる

いくつになっても、どんな状態でも、
知的好奇心を持ち続ければ内在的生活圏は深化する。

若い頃、ある介護施設に行ったときのことです。全盲で寝たきりの、100歳の女性がいるから会ってほしいと言われて、居室を訪ねました。ノックしてドアを開け、ベッドサイドに行って、恐る恐る「こんにちは」と声をかけると、なんと、その人は「ハロー!」と応えたのです。その明るい声に、正直なところ私はとても驚きました。「全盲で寝たきりの超高齢者」という情報によって、勝手にネガティブなイメージを抱いてしまっていたからです。そして、この人はなぜこんなに明るいのか不思議に思い、尋ねてみました。

彼女は、NHKラジオの語学講座が大好きで、フランス語やイタリア語や中国語や、毎日いろいろな講座を聞くのだそうです。そして、レッスンの合間に紹介される各国の様子、フランス語講座で紹介されるパリの様子や、イタリア語講座で紹介されるローマの様子などを聞いては、「あんなところだろうか」「こんなところだろうか」と、イメージを膨らませるのだそうです。行ったことはないけれど、そうやって知らない町をイメージすることが、とても幸せなのだと語ってくれました。

彼女は、聴力という自分に残された力を生かして日々を楽しく送っているのですが、介護施設でラジオを聞いている人たちの間では、語学講座は人気があるのだそうです。なぜかおわかりでしょうか？　彼女をはじめ、介護施設で語学講座を聞いている人たちは、「語学を習って海外旅行に行こう」と思っているわけではないでしょう。自分にはもう、そのようなことはできないとわかっているからです。それならば、バラエティや漫才のような番組の方が、楽しくてよいのではないでしょうか。

なぜ語学講座なのか。それは、知的好奇心なのです。明日はどんな言葉を教えてくれるのだろうか？　挨拶の言葉は覚えたから、買い物をするときに使う言葉も覚えたい。明日はどんな話を聞かせてくれるのだろうか？　ローマの次は、どの町の紹介だろうか？　そんな風に、知的好奇心を持って語学講座を楽しみにすることが、未来展望になっているのです。

語学講座を楽しみにすることは、「明日はどんな内容だろう」という短期目標をもたらすだけではありません。「もっといろいろなことを知りたい」という気持ち、知的好奇心は、明日で終わりではないからです。「もっといろいろなことを知りたい」とは、生きているかぎりずっと続く長期目標であり、彼女にとってはこれが本義でしょう。それがあるために、彼女の未来展望はポジティブなのです。彼女が明るく「ハロー！」と言ったのは、未来展望が明るく、今が幸福だったからなのです。

私の恩師は生前、よく「完熟」ということを言っていました。年をとることを英語で「エイジング」と言いますが、この言葉には、同時に「熟成」という意味があります。

年をとると生活圏は縮小していくが、自分の心のなかの世界、内在的生活圏を深化させることはできる。年老いてからは、内在的生活圏のなかで自分自身を探求すること、自分の本義を追求し続けることが大事であり、エイジングの到達点が人格の完熟である、と。

恩師は退職後も亡くなるまで研究を続けましたが、そのノートを愛弟子がＰＤＦ化してゼミのメンバーに配ったのは、先に記した通りです。恩師は、研究という本義を生涯追求し続け、研究の成果という果実を私たちに残しました。と同時に、自分自身の生き方を通じて、人生を熟成させるとはどういうことか、完熟期を生きるとはどういうことかを、私たちに教えてくれました。

年をとると、人はだんだん一人になります。親しい人たちが亡くなり、生活圏も縮小していくからです。けれども、心のなかに豊かな世界を持っていれば、孤立したり孤独になったりすることはありません。「孤高」を保つことができます。

孤高とは、ことさら人を求めないけれども孤立せず、孤独を厭わないけれども人を拒まない境地、とでも言えばよいでしょうか。心のなかに豊かな世界があるために、一人でいても寂しくないし、他者と一緒にいるときは、心の豊かさを他者も共有できる。そんなイメージかもしれません。

私の恩師の晩年の姿はまさに孤高でしたし、先ほどご紹介した100歳の女性もまた、孤高であったと思います。私も、できることならば、孤高の境地を手に入れたいと願っています。それには、自分の本義とは何かをもう一度自らに問い直し、知的好奇心を持ち続け、内在的生活圏を深化させていかなければなりません。容易なことではありませんが、さりとて実現不可能というわけでもないでしょう。

孤高の境地を手に入れ、人格を完熟させること。それが人生を最期まで幸せに生き切るための、最終的な対処法です。そして、人生の完熟期を幸せに生きることができれば、恩師の生きる姿から私たちが果実を受け取ったように、私たちもまた、人生の果実を後の世代に残すことができるのではないでしょうか。

あとがき

幸福な老い（サクセスフル・エイジング）の度合いを測定する「改訂版ＰＧＣモラールスケール」という尺度があります。米国の著名な社会老年学者ロートンが作成した尺度で、日本でも多くの老年学者が使用してきました。私も調査や面接で幾度となく用いました。

この尺度の17個の質問の中に、「生きることはきびしいと思いますか？」と「悲しいことがたくさんあると思いますか？」という項目があります。面接調査でこの項目のところに来ると、多くの高齢者が遠くを見るような目をして、それぞれの体験を話してくれます。会社に裏切られたと嘆く定年退職後のエリートサラリーマン、ぐれた息子に刺されて大怪我を負った夫のことと、その息子が心配でしょうがないと語ってくれた妻、産むことのできなかった我が子の幻想に囚われ続けている認知症の姉のことを話す妹……。

私は、人生にはさまざまな形のきびしさと悲しさがあることを、これらの高齢者の方々から学びました。私の質問に人生を思い返して語ってくれた方たちの大半は、しかし、そのような体験を乗り越えてきたからこそ今の幸福がある、と言います。

「時間が経てば、みんな想い出なの」と、ある高齢女性が言っていました。過去の記憶は再構成されて美しい想い出として想起される、と心理学の教科書には記載されています。年をとると、苦しい記憶も悲しい記憶も、嬉しく楽しかった記憶と同じように美しい想い出として想起される。そして、そのためには時間が必要だったということを、高齢者は誰もが知っているのです。

しかし、改めて思います。長寿時代における人生の幸せとは何でしょうか？ きびしく悲しい体験がなければ、幸せは手に入れることができないのでしょうか？ あるいは、そのような体験があるからこそ、幸せとは何かを知ることができるのでしょうか？

「可愛い子には旅をさせよ」とは、ややもすれば我が子に苦しい思いはさせたくないと思いがちな親心に対する教訓です。安楽に、享楽的に人生を送りたいという快楽主義的な人生観と、苦しみを乗り越えてこそ充実した人生になるという求道的な人生観は、どちらが正しいのかはわかりませんし、また、どちらの生き方を求めたとしても人生が思い通りになるわけでもありません。アフリカには内戦や疫病などのために、平均寿命がいまだに50歳を超えていない国さえあるのです。「人生の幸せとは」と考えると、いつもそのような国々に暮らす人々のことを思ってしまいます。かつての日本もそうでした。我が国が長寿社会になったのは、つい最近のことなのです。

若き日から私が追い続けたこうした疑問は、私自身が老いの道を歩んでこそ、その答えに至ることができるのかもしれません。しかも、その答えは私にだけ当てはまる答えなのかもしれません。

10代最後の年から始めた心理老年学の勉強と研究は、今年で40年になります。還暦を目前にして、これまでに出会った高齢の方々からうかがったエピソードを回想しています。すでに彼岸に旅立たれた方もたくさんいます。本書で述べてきたことは、すべて私がお会いしてきた方々、書籍や論文の中でお会いした方々から私が学び、考え続けてきたことです。それらすべてが、これから老年期を迎える私にとっての〝練習問題〟だと思っています。

私にとって、この先にある60代以降の中年後期と老年期には、「悲しいことがたくさんある」でしょうし、「生きるとは大変きびしい」ことだと実感することもあるでしょう。しかし、これらを乗り越えた先に幸福があることを、私は先人から学んできました。ですから、たとえ悲しくつらいライフイベントであっても、それを軽やかに乗り越えたいと考えています。そのためには練習問題をたくさん解いておくことが必要だと考えるに至りました。老いることの不可思議さに囚われて、逆に己の若さに呪縛されながら続けてきた私の心理老年学の研究ですが、今ようやく、実感としてそう思えるようになりました。読者のみなさまにとっても本書が老いの練習問題となり、それぞれの答えを見つけるお役に立てることを願っています。

2015年春

佐藤眞一

参考文献

【書籍】（本書に関連する主な和文書籍）

Cacioppo, J.T. & Patrick W., 柴田裕之訳（2010）『孤独の科学　人はなぜ寂しくなるのか』河出書房新社

Erikson, E.H. & Erikson, J.M., 村瀬孝雄・近藤邦夫訳（2001）『ライフサイクル、その完結〈増補版〉』みすず書房

樋口恵子（2013）『人生100年時代への船出』ミネルヴァ書房

百寿者研究会、東京都老人総合研究所・慶應義塾大学医学部編（2003）『百歳百話』日東書院

井上勝也（2007）『歳をとることが本当にわかる50の話　老後の心理学』中央法規

Kastenbaum, R., 井上勝也監訳（2002）『死ぬ瞬間の心理』西村書店

片桐恵子（2012）『退職シニアと社会参加』東京大学出版会

熊野道子（2012）『生きがい形成の心理学』風間書房

権藤恭之編（2008）『高齢者心理学』朝倉書店

Levinson, D.J., 南博訳（1992）『ライフサイクルの心理学　上下』講談社学術文庫

三島二郎（1995）『シニアの高みにて　ある人間学論考』YES社

日本老年行動科学会監修、大川一郎編集代表、佐藤眞一ほか編集（2014）『高齢者のこころとからだ事典』中央法規

大内尉義・秋山弘子編集代表（2010）『新老年学［第3版］』東京大学出版会
佐藤眞一監修（2006）『「結晶知能」革命』小学館
佐藤眞一・大川一郎・谷口幸一編著（2010）『老いとこころのケア　老年行動科学入門』ミネルヴァ書房
佐藤眞一監修（2010）『調査・事例研究から読み解く高齢者の心と体　ケアに生かすQ＆A』コミュニティケア臨時増刊号、日本看護協会出版会
佐藤眞一（2011）『ご老人は謎だらけ　老年行動学が解き明かす』光文社新書
佐藤眞一（2012）『認知症「不可解な行動」には理由がある』ソフトバンク新書
佐藤眞一・高山緑・増本康平（2014）『老いのこころ　加齢と成熟の発達心理学』有斐閣
Schaie, K.W. & Willis, S.H., 岡林秀樹訳（2006）『成人発達とエイジング［第5版］』ブレーン出版
Birren, J.E. & Schaie, K.W., ed., 藤田綾子・山本浩市監訳（2008）『エイジング心理学ハンドブック』北大路書房
柴田博・長田久雄編（2003）『老いのこころを知る』ぎょうせい
鈴木隆雄（2012）『超高齢社会の基礎知識』講談社現代新書
鈴木忠（2008）『生涯発達のダイナミクス　知の多様性 生き方の可塑性』東京大学出版会
生活・福祉環境づくり21・日本応用老年学会編著（編集委員会：柴田博・安藤孝敏・川瀬健介・佐藤眞一・白澤政和・平林規好・渡辺修一郎）（2013）『ジェロントロジー入門』社会保険出版社
公益財団法人ダイヤ高齢社会研究財団編（2009）『超高齢社会を生きる　介護保険・介護予防の今とこれから』ダイヤ財団新書29

谷口幸一・佐藤眞一編著（２００７）『エイジング心理学　老いについての理解と支援』北大路書房
山本思外里（２００８）『老年学に学ぶ　サクセスフル・エイジングの秘密』角川学芸ブックス

［論文等］（著者が参加した本書に関連のある研究プロジェクトによる和文論文の抜粋）

藺牟田洋美・下仲順子・中里克治・河合千恵子・佐藤眞一・石原治・権藤恭之（１９９６）、中高年期におけるライフイベントの主観的評価・予測性と心理的適応―家族関係と職業ライフイベントを中心にして―、老年社会科学 18, 63-73.
上野大介・権藤恭之・佐藤眞一・増本康平（２０１４）、顕在記憶指標・潜在記憶指標を用いたポジティヴ優位性に関する研究、認知心理学研究 11, 71-80.
佐藤眞一（１９９８）、老親を介護するこころ、発達 73, 44-52.
佐藤眞一（２００３）、心理学的超高齢者研究の視点―P. B. Baltesの第４世代論とE. H. Eriksonの第９段階の検討―、明治学院大学心理学紀要 13, 41-48.
佐藤眞一（２００５）、老年期の家族と介護、老年精神医学雑誌 16, 1409-1418.
佐藤眞一（２００６）、団塊世代の退職と生きがい、日本労働研究雑誌 48(5), 83-93.
佐藤眞一（２０１１）、行動科学と高齢者ケア―行動科学の意義と役割―、高齢者のケアと行動科学 16, 4-15.
佐藤眞一（２０１３）、老年心理学からのアプローチによる認知症研究の基礎と応用、発達心理学研究 24, 495-503.

佐藤眞一・東清和（1998）、中高年被雇用者および定年退職者の行動特徴と生きがい、産業・組織心理学研究 11, 95-106.
佐藤眞一・下仲順子・中里克治・河合千恵子（1997）、年齢アイデンティティのコホート差、性差、およびその規定要因：生涯発達の視点から、発達心理学研究 8, 88-97.
島内晶・佐藤眞一・権藤恭之・増井幸恵・稲垣宏樹・広瀬信義（2010）、百寿者介護へのソーシャル・サポート──三者モデルによる考察──、高齢者のケアと行動科学 15, 34-47.
下仲順子・中里克治・河合千恵子・佐藤眞一・石原治・権藤恭之（1995）、中高年期におけるライフイベントとその影響に関する心理学的研究、老年社会科学 17, 40-56.
下仲順子・中里克治・河合千恵子・佐藤眞一・石原治・権藤恭之（1996）、中高年期におけるストレスフル・ライフイベントと精神的健康、老年精神医学雑誌 7, 1221-1230.
東京都老人総合研究所・板橋区共同プロジェクト報告会（1995）『ライフイベントと心の処方箋』、（財）東京都老人総合研究所心理学部門
豊島彩・佐藤眞一（2013）、孤独感を媒介としたソーシャルサポートの授受と中高年者の精神的健康の関係──UCLA孤独感尺度第3版を用いて──、老年社会科学 35, 29-38.
豊島彩・佐藤眞一（2014）、高齢者のソーシャルサポートの提供に対する評価の質的検討、生老病死の行動科学 17/18, 65-78.

[著者]
佐藤 眞一（さとう・しんいち）

1956年東京生まれ。大阪大学大学院人間科学研究科臨床死生学・老年行動学研究分野教授、博士（医学）。早稲田大学大学院文学研究科心理学専攻博士後期課程を終え、東京都老人総合研究所研究員、ドイツ連邦共和国マックスプランク人口学研究所上級客員研究員、明治学院大学心理学部教授等を経て現職。前日本老年行動科学会会長。日本応用老年学会理事、日本認知症ケア学会代議員、日本老年精神医学会編集参与、日本老年社会科学会評議員等を務める。
主な著書に『ご老人は謎だらけ　老年行動学が解き明かす』（光文社新書）、『認知症「不可解な行動」には理由がある』（ソフトバンク新書）、共著に『老いのこころ　加齢と成熟の発達心理学』（有斐閣）、『老いと心のケア　老年行動科学入門』（ミネルヴァ書房）、『エイジング心理学　老いについての理解と支援』（北大路書房）などがある。

企画・編集　蔭山敬吾（グレイスランド）
構成・文　佐々木とく子
カバーイラスト　谷山彩子
装丁・本文デザイン　轡田昭彦＋坪井朋子

後半生《こうはんせい》の
こころの事典《じてん》

2015年5月3日　初版発行

著　　者　佐藤眞一
発 行 者　小林圭太
発 行 所　株式会社CCCメディアハウス
〒153-8541　東京都目黒区目黒1丁目24番12号
電話　03-5436-5721（販売）
　　　03-5436-5735（編集）
http://books.cccmh.co.jp

印刷・製本　大日本印刷株式会社

Printed in Japan
ISBN978-4-484-15207-3